中公新書 2797

JN019858

北村一真著

英語の読み方 リスニング篇

話し言葉を聴きこなす

中央公論新社刊

中 公新書の前著『英語の読み方』では、学校で習う英文読解を実用レベルにどうつなげていくかを論じ、幸い好評を得ることができました。

　読者の方々から有益なコメントやレビューをたくさんいただきましたが、なかでも印象的だったのが、《リーディングとリスニングは別物だと考えていたので、「読むスピードが遅い人は音声の英語にもついていけない」という指摘が新鮮だった》というものです。

　英語の重要性が叫ばれる中、リスニングに対する人々の関心は高まっていると言えます。しかし、リーディングとリスニングを関連づけて考えている学習者は、まだまだ多数派とは言えません。それなら、リスニングへの応用を念頭に置いたリーディングの本を作ることで、そのような状況に一石を投じることができるのではないか。そんな考えから、本書のアイデアが生まれました。

　本書の最大の特徴は、題材をニュースやレクチャー、スピーチやインタビューなど、音声言語として発せられた英文のみに絞っていることです。全体として、おもに3つの点で類書とは異なるものになっていると言えます。

　1つ目は、読む力を聞く力に応用すること。重視するのは速度です。

　本書の素材英文は「生の」音声データを使うため、実際にどのような発音だったのか、どれくらいの速度でその言

葉が発せられたかをつかむことができ、読む際の速度の目安や目標とすることができます。読む力と聞く力を同時に鍛えることを念頭に置くとき、スピードの目安があることは非常に大きな武器となります。

　2つ目は、リーディングの素材とリスニングの対象となる音声言語の連続性を実感できるという点です。

　受験勉強などで用いるリーディング教材の英文と違って、口頭での英語のやりとりでは、シンプルな語彙や文法しか用いられないといった解説を目にすることもありますが、これは大きな誤解です。

　ニュースやアカデミックなレクチャーなどは言うまでもなく、著名人の比較的カジュアルなインタビューであっても、それなりに難度の高い表現や言い回しが出てくるのが実情で、難しいとされる大学受験の長文問題と同等かそれ以上のレベルのものも存在します。

　にもかかわらず、このような偏った考え方が生まれる背景には、リーディングの素材として用いられるテキストの多くが、硬めのエッセイや記事の抜粋であったり、評論文であったりと、一見して音声言語との関係が見えにくいものであるという事実も関係していると思われます。ニュースやレクチャー、スピーチやインタビューといった英文を素材に用いることで、そういった偏見を修正すると同時に、本格的なリスニング力を身につけるためにどれくらいの単語力や文法力が必要なのかを正確にイメージする手助けができればと思います。

　そして、3つ目は読者の方々のモチベーション・アップにつながるように書いた点です。やはり、せっかく英語を

やるなら、「生きた英語」を使って勉強したいという人が多いように感じます。

　実際、大学の講義で著名人のインタビューなどの教材を用いてリスニング練習をやると、「本物の英語に触れられてよかった」「教科書とは違う英語が題材だったので興味深かった」という感想を伝えてくれる学生が必ずいます。

　教科書や参考書の英語に対して「教材用に作られたもの」というイメージを抱き、日常で用いられる「本物の英語」「生きた英語」に強い憧れを持つ人が少なくないのでしょう。この考え方が必ずしも正しいとは思いませんが、本書の英文は、そうした学習者のリクエストにも応えることができるものだと考えます。

　以上のような特徴から、本書はリーディングを土台にしてリスニングに挑戦するための足掛かりとなるはずです。読了後はインターネット上に溢れているニュース動画や、著名人のスピーチやインタビューに独力で立ち向かっていくことができるようになるでしょう。

　本書の構成を簡単に説明しておきます。

　まず第1章では、本書で扱う英文の素材に焦点を当てます。活字とは異なる、口頭で発せられる言葉、会話の中で用いられる言葉が持つ特徴や傾向について説明します。

　第2章では、リスニングへの応用を念頭に置きつつ、英文の読み方を解説します。リーディングの訓練をリスニング力の向上に結びつけるための方法論を指南し、リスニン

グ特有の問題についても簡単に触れています。

第3章からは、実際の英文に取り組みます。第2章で紹介した学習法を実践しながら、具体的なスキルを身につけていきます。第3章がフォーカスするのは、文法構造を知ることで可能になる「先読み」の方法です。

第4章では、語や語句よりも大きい単位であるイディオムや構文、コロケーション（定型表現）に焦点を当てます。リアルタイムの口頭でのやりとりでは、定型表現のパターンを丸暗記していることが大きく負荷を減らしてくれることを明らかにします。

第5章のテーマはよりマクロの視点からの予測です。第3～4章で扱った文法や定型表現の知識も先読みを大いに助け、リスニングのプロセスをスムーズにしてくれますが、文章の構成や論理展開を意識すればさらにレベルの高い予測をすることが可能です。第5章ではこういった俯瞰的な予測の方法を具体例とともに紹介します。

最後の第6章では、口頭でのやりとりで避けられない破格的な構造をメイントピックとして扱います。第5章までで確認した方法をフル活用しつつ、ルールから外れた文法や語法をしっかりと見極めます。話し手の本当に言いたかった内容を復元し、アドリブ力を高める手法を説明します。

本書を読んで、英語をさらに楽しんでもらえたなら、これに勝る喜びはありません。

本書の使い方

「はじめに」でも説明した通り、本書に登場する英文はほぼ全てインターネット上で視聴できる動画や音声の書き起こしになっています。

とくに第3章以降では、全ての英文素材に動画や音声のページへ飛ぶことができるQRコードを付けていますので、英文を読むのと同時にスマートフォンやタブレットでQRコードを読み取り、実際の音も確認するようにして下さい。なお、QRコードは初版刊行時の情報です。

リスニングにある程度自信があるという方は、英文を読む前に、先に音で確認してもよいかもしれません。

大多数はYouTubeで配信されているもので、タッチパネルで見た場合、画面の左側をダブルタップする（2回連続でポンポンと）ことで、10秒だけ巻き戻せます。気になる箇所は、この機能をうまく使って繰り返し聞いてみて下さい。

ダブルタップで
10秒巻き戻し

Wonder Woman 3 Dies On The Table As
DC Undergoes Changes
3.3万 回視聴・1年前　#WonderWoman #DC #Pat⋯　…もっと見る

英語の読み方 リスニング篇
——話し言葉を聴きこなす

——————— **目次** ———————

第 **2** 章

まずは読む力
─リスニングを意識して読む─…… 25

―――――――――――――――― 第**3**章 ――――――――――――――――

スピーディに読む技法
――「先読み」は文法がカギ――……59

第1章

話す英語の本質
―最初におさえておきたい特徴―

さて、「はじめに」でも述べた通り、本章ではとくに口語の英語に見られる表現のパターンや特徴、傾向を、話し言葉について詳細に扱った英語圏の文法書を参考にしつつ紹介していきます。

その前に、大きな前提を2点ほど確認しておく必要があります。まず1点目は、書き言葉の英語と話し言葉の英語はそれぞれに特徴や傾向はありこそすれ、あくまで同じ「英文法」に則ったものであるということです。したがって、ここで紹介する現象や特徴は書き言葉の文法や語法と本質的に異なるわけではなく、あくまでその変形であったり、使用されやすい表現の傾向といったものに過ぎません。

2点目は一口に「話し言葉の特徴」といっても、話し言葉にもタイプがあり、どのタイプに属するかによって、書き言葉との距離も様々であるということです。

本書では、第3章以降で具体的にニュースの報道や著名人のスピーチやレクチャー、インタビューなど、「生きた英語」を取り上げています。これらは全て口頭で発せられているという意味で話し言葉に属していますが、口語の特徴が表れやすい度合は様々です。

まず、話し手だけが話すモノローグなのか、話し相手が

いて返答も返ってくるダイアローグなのか、というのは大きな違いです。書き言葉の基本は著者による一方的な情報発信であり、この点で、政治家や専門家などが一方的に聴衆に対して行うスピーチやニュースキャスターが行う報道は、書き言葉との共通点が多いと言えます。

　また、スピーチにはそもそも基となる原稿があることが多いですし、報道も緊急速報などを除いてはある程度準備された内容を話していて、そのまま文字に書き起こしてもさほど違和感がありません。

　これがインタビューなどのように2人（複数人）が交互に発話するダイアローグとなると、話はかなり変わってきます。インタビューも映像化されているものなどはある程度シナリオに基づきますが、それでも即興的なやりとりは必ず発生し、その場その場で対応しなければならないことが増えます。したがって、一方的な情報発信である書き言葉では見られない相互作用が生まれやすくなります。

　さらに普通の日常会話となると、台本や筋書きは言うまでもなく、話の明確な目的もない場合が多いので、場当たり的な要素がより強くなり、話し言葉らしい特徴が際立つと言えるでしょう。

　以上の内容を基に、「話し言葉」のタイプを簡潔に表にまとめると、次のようになります。

話し言葉のタイプ	モノローグ／ダイアローグ	即興性	書き言葉との距離
スピーチ	モノローグ	低い	近い
ニュース報道	モノローグ	やや低い	やや近い
インタビュー	ダイアローグ	やや高い	やや遠い
日常会話	ダイアローグ	高い	遠い

　もちろん、スピーチでも聴衆とのやりとりが行われることはあるかもしれませんし、逆に日常会話でも一方的に何かを説明する場合もあるので、これは絶対的な基準ではないですが、おおむね話し言葉をこのように特徴づけることができます。

1.1
話し言葉に影響する 3 つの要因

　話し言葉と書き言葉が同じ文法を共有しながらも異なる特徴を持つ理由は、それぞれの言葉が用いられる環境にも理由があります。

　2021 年に John Benjamins から新装版が出た大部の文法書、*Grammar of Spoken and Written English* では、会話の言葉の特徴に影響を与える環境的な要因が 8 つ挙げられています。以下、とくに話し言葉特有の言い回しに影響する 3 つの要因を見ていきます。

文脈の共有

　まず1つ目は、話し言葉でのやりとりは**文脈を共有した状態**で発生するということです。対面で会話する際、言うまでもなく話し手どうしは同じ時空間を共有しています。また、かなり特殊な状況でない限り、お互いの素性や立場などもある程度知っていることが多いでしょう。日常的にどういう人と会話するかを思い返してみれば、家族や友人、知人、職場の同僚、仕事で付き合いのある人などが大半ではないかと思います。

　ひるがえって、文章の場合は、時空間の共有はおろか、基本的に書き手は誰が読むのかすら明確には分からない状態で不特定多数に向けて書いています。これは書き言葉と話し言葉の違いに大きく影響してきます。

相手との共同作業

　話し言葉特有の表現につながる2つ目の環境要因は、**複数人が相互に影響を与えながら作り出される**という点です。

　書き言葉でも読者の疑問をあらかじめ想定して、それに答えるというような形が取られることはありますが、予想外の反応がきて、それに答えて、また返事を聞いて、というようなやりとりや、読み手が書き手に対して情報を補ったり、訂正したりすることはまずありません。このような相互作用は話し言葉ならではの環境だということができます。

リアルタイムでの進行

　3つ目の要因は、話し言葉は**リアルタイムで行われる**と

いう点です。これは、最も重要な環境要因と言えるかもしれません。

　時間をかけて作成した上で、何度も見直して修正を加え、可能な限り完璧な形に近づけることができる書き言葉とは違い、話し言葉は場面ごとに即興で言葉を紡がなければなりません。それゆえに、書き言葉では生じえないような冗長さやイレギュラーな形が頻繁に生まれるのです。

　以上、話し言葉の特徴にとりわけ影響を与えそうな３つの環境要因を確認してきました。次節以降ではこれらの特徴を具体的に見ていきましょう。

1.2
文脈の共有から生まれる表現

代名詞と指示語の多用

　文脈を共有しているときの特徴の１つに、代名詞や指示語の多用があります。イメージしやすいようにまずは日本語で考えてみましょう。

　たとえば、ある会社での倉庫内の配置換えとその効果について述べる際に、何も知らない不特定多数の人が聞いても何のことかを理解できるように説明しようとすれば、

　「〇〇という会社のビルの３階の倉庫では2023年の７月まで大きな机が扉の近くにあり、従業員が出入りするのに邪魔だったが、８月には部屋の窓側に移されたため、

移動がスムーズになった」

といったような言葉遣いが必要になります。しかしこれが、その会社で働く同僚どうしが倉庫で会話をしているという場面を想定すれば、

　　「前はこれがこっちにあったけど移動に邪魔だったんだ。
　　そっちにいってマシになったよ」

とでも言えば十分に内容が伝わるでしょう。同じ職場に所属し、かつ、同じ空間、時間にいる人にとっては、「前」がいつのことか、「これ」が何を指しているのか、「こっち」と「あっち」がそれぞれどこのことかは話し手の視線や身振り手振りを見ていれば当たり前のように分かるからです。
　英語でも当然、同様のことが当てはまります。上の日本語の例と同じ状況を想定した場合、書き言葉で誰でも分かるように説明するとなると、

In a warehouse on the third floor of a building owned by a company called XX, until July 2023, a large desk was located near the door and was in the way of employees coming and going, but in August it was moved to the window side of the room, making it easier for them to move around.

のような長ったらしい文が必要になりますが、2人の従業

員が会社の中で行っている会話なら、

This used to be over here, but was in the way to move around, but it's better now that it's over there.

などとでも言えば十分となるわけです。

　このように文脈を共有している人どうしのやりとりでは代名詞や指示語で十分に意図を伝えることができるため、これらの語が多用されるという特徴があります。比例して、通常の名詞の使用が減るということでもあります。

省略的な表現

　言語では、すでに文脈の中に出てきた言葉について、聞き手や読み手が流れから補うことができるものであれば省略してもよいケースがあります。

　このルール自体は話し言葉、書き言葉の両方に当てはまるものですが、文脈を共有している話し言葉ではそれが許される状況が多くなります。対面で会話を行っている場合、誰が話しているかは一目瞭然なので、一人称の主語である"I"が省略されるケースもよく見られます。次のようなやりとりを聞いたり見たりしたことのある方は多いのではないでしょうか。

A : Where is John?
B : Don't know.

　また、特定の場面では名詞を言うだけで、十分に文に相

当する意図が伝わることもあります。たとえば、お酒の席でビールを一杯飲んだ後に店員に、

Another glass of beer.

と言えば、たとえそれまでビールを飲みたいという話をしていなくとも、

I want to have another glass of beer.
「私はもう一杯ビールが飲みたい」

ということだと通じるはずです。また、学校の英語の時間に教師が

From now on, only English.

と言ったとすれば、

From now on, you are going to speak only English.
「今から皆さんは英語だけを話します」

という趣旨だと理解できるでしょう。このように共有している文脈が豊かであればあるほど、中心となる言葉を数語発信するだけで十分に意図が伝わるため、話し言葉ではおのずと省略的な表現が多くなります。

　しかし、省略表現が多くなるのは必ずしも文脈の共有だけが理由ではありません。話し言葉の２つ目の環境要因で

ある「共同作業である」ということも深くかかわってきます。

相手との共同作業で生まれる表現

疑問文や命令文とその応答

　言語にはただ情報を伝えるだけでなく、疑問文を使って相手に何かを教えるように依頼したり、命令文を使って相手に何らかの行動を要求したりするといった、相手の反応を引き出すことを目的とした文が存在します。

　複数人による共同作業を前提とする話し言葉では、疑問文や命令文、及びそれに対する応答の使用率が圧倒的に高く、話し言葉の重要な一部を構成していると言えます。

　疑問文や命令文に対する応答を完全な形の文で表現しようとすると、大半が相手の言葉の繰り返しになるので、カジュアルな場面であればあるほど、相手が欲しい情報だけを単語で答えたり、相手の意図にしたがう意思があるかどうかだけを示したりすることが普通です。

　When did you come here? という質問には、Last week. と答えれば十分でしょうし、Please open the door. というお願いには Okay. とだけ答えて、ドアを開ければそれでよいのです。この点でもまた、省略的な表現が生まれやすい環境が話し言葉には備わっていると言うことができます。

共同構文による補足や訂正

　複数人で対話を行っている時には、疑問文のような形で明示的に反応を求められなくても、話し手が表現し損ねている言葉などを別の人間が自発的に補ったり、あるいは話し手の言葉の内容に完全には同意できないときに聞き手が部分的に修正したりすることがあります。

　こういった複数の話者が共同で１つの文を作り出す現象は co-construction「共同構文」と呼ばれています。具体例を確認してみましょう。まずは、「補足」のパターンです。

A : He headed to the park.
B : With Susan.
C : Oh.

A : No. He is a nice guy, but a little…
B : Stubborn?

　１つ目の例ではAが表現していなかった「スーザンと一緒に」という内容をBが追加することで、AとBが協力して、He headed to the park with Susan. という１つの文を作り出し、Cに伝えるような形になっています。２つ目の例では、Aがうまく表現できない言葉をBが確認しつつ補っている形です。

　続いて、「訂正」のパターンも見てみましょう。2023年に公開された巨大鮫の映画 "Meg 2" の予告編に次のようなやりとりがありました。

A : That's the biggest Meg I've ever seen.

B : Biggest Meg anyone's ever seen.

　巨大鮫「メガロドン」に対する the biggest Meg I've ever seen「私が見た中では最大」→「私がこれまでに見たことがないほど大きい」という描写に対し、別の人間が訂正を加え、Biggest Meg anyone's ever seen「誰が見た中でも最大」→「誰もこれまでに見たことがないほど大きい」と表現し直していることが分かります。

the biggest Meg I've ever seen

Biggest Meg anyone's ever seen

　このようにある人の発言の一部を別の人が言い直すような形が生まれるのも共同作業を前提とする話し言葉ならではの現象だと言えるでしょう。

<hr />

1.4
リアルタイムに制約される表現

ためらいによる中断、つなぎ言葉

　話し言葉はリアルタイムで考えながら言葉を紡ぐことから、書き言葉にはない様々な制約が生まれます。

　言いたいことは決まっていても、とっさに適切な言葉が

出てこなかったり、言葉と言葉が自然な形でつながらなくなったりした経験は誰しもあるでしょう。そういう時は少し沈黙したり、あるいは「えっと、あの、うーん」などといったとくに意味のない言葉を入れつつ、最適な表現を考えるための時間を稼ぐことが多いのではないかと思います。

　英語でも同様で、書き言葉には反映されないような空白時間が生まれたり、あるいは以下の例のように uh, um, well, like, you know などといったつなぎ言葉が多用されるのが話し言葉の特徴です。

I was, <u>um</u>, planning to, <u>you know</u>, finish the report by, <u>like</u>, tomorrow morning.
「そうね、うん、明日の朝までにはレポートを、まあ、終わらせるつもりかな」

　上で触れた *Grammar of Spoken and Written English* では、つなぎ言葉の機能として、発言がまだ途中であることを相手に伝えるというものがあるとしています。そして、文がまだ完成していないが、次に言うことを整理しなければならないような場面（たとえば、等位節や従属節が始まる前など）で用いられやすいと指摘しています。

　これに対して、純粋な沈黙は新たな発言が始まる前に用いられることが多いとされています。

繰り返し

　沈黙やつなぎ言葉と同じように、リアルタイムで言葉を生み出す際に時間を稼ぐための手段に使われるのが「繰り

返し」です。

　繰り返しは複数語からなる語句よりも特定の1語が繰り返されるパターンが圧倒的に多く、また、代名詞や冠詞、接続詞といった文法関係をおもに表す機能語が中心です。新たに情報をまとめて文を構成するための時間稼ぎの手段ですから、ほぼ無意識に出てくるこれらの言葉が繰り返しの対象となりやすいのは頷けます。

　また、同じ代名詞でも、I, she, they のような主格の形は me, her, them などの目的格の形に比べ、はるかに繰り返しの対象になりやすいというデータもあります。

　I, I, I am going to ask her.
　?? I am going to ask her, her, her.

　前者は文や節の開始時点、つまり、これから内容を考えて文を作り出していくところで用いられるため、まさに考える時間を稼ぐために繰り返される傾向が強いのでしょう。

　一方、後者は文の中心となる動詞が出た後、つまり、文の骨格がほとんど決定し、後は締めくくるだけのところで使用されています。繰り返す必要がないので、おかしな文章になっています。

言い直し

　リアルタイムによる制約からくるもう1つの現象が、話者自身があることを言った後に、それを撤回して言い直すというパターンです。

　上の共同作業のところで別の人が言葉の一部を訂正して

言い直すというパターンを見ましたが、ここで扱うのは話者自身が考えを途中で変えて自分の言葉を言い直すというものなので、まさに考えながら言葉を紡いでいく話し言葉ならではの現象と言えます。

Why does he, why do you make him stand there?
「なぜ彼は、なぜ彼をあそこに立たせているのですか」

この例は次のように説明できます。話し手が、ある特定の場所に立っている「彼」を見て、最初 Why does he stand there?「なぜ彼はあそこに立っているのか?」と質問しようと思いましたが、彼が自発的にそこに立っているわけではなく、周りから命令されてやっていることだとわかったので考えを変え、why do you make him stand there?「なぜ、あなたがたは彼をあそこに立たせているのか」と言い直しているのです。

言い換え

同様に、言い換えもよく生じます。考えるのと同時進行で話していると、まだ文の構造をどう組み立てるか、完全には定まってはいない段階で思いついた名詞句などを言葉にすることもあると思います。

それを実際に口にしてみた結果、想定していたよりも長くなったり、あるいは文の主語として使用するよりも、むしろ目的語として使用したほうがスムーズであると気づいたりする場合には、小休止して、その名詞句を代名詞で受け直し、文を組み立てることがよくあります。

The idea of us defeating the strongest team and winning the contest, it's thrilling.
「私たちが最強のチームを倒して優勝するなんて、ゾクゾクするね」

The idea of us defeating the strongest team and winning the contest, I like it.
「私たちが最強のチームを倒して優勝するっていうの、いいね」

　1つ目の例では、文頭の長い名詞句を代名詞の it で受け直し、それを主語とする形で文を続けています。2つ目の例も文頭の名詞句を it で受け直しているという点では同じですが、こちらは目的語になっています。The idea…contest の名詞句を言葉にしているうちに、それはむしろ目的語とすべき名詞句だったと気づいたパターンです。このような形が話し言葉では生じやすいのです。
　これらの例は内容を明示した名詞句を代名詞で言い換えるというパターンでしたが、逆のケースもありえます。最初に代名詞で表現した内容について、文の中核となる部分を言い終わってから、相手に正確に伝わっているかが心配になることもリアルタイムの会話ではよくあるでしょう。そのような場合、文末にその代名詞が指す内容を明確にするための名詞句を置く、というのも頻繁に用いられる表現法です。

Did they go with you, John and Susan?

「彼らは君と一緒に行ったの。ジョンとスーザンは」

　この例では、they という代名詞で表現した対象が具体的に誰のことを指すのか、曖昧さをなくし誤解を避けるために、最後にその指示対象を John and Susan という形で明示しています。

　以上見てきたような言い換えは、それぞれ left dislocation「左方転移」、right dislocation「右方転移」という名称も存在し、文法的に認められている現象ですが、書き言葉よりも話し言葉のほうに圧倒的に多く見られます。書き言葉ではじっくり検討した上で文体的な効果を狙って用いられるものであるのに対し、話し言葉では即興で文を構成していく中でこういった言い換えがごく自然に用いられやすいのでしょう。

構文のブレンド

　リアルタイムで考えながら文を構成していくことに付随するものとして紹介する最後の現象が構文のブレンドです。これはある文法構造で言い始めた文の形を途中で切り替えて、別の文法構造の形で終わらせるというものです。

　一見、上の言い直しに似ていると感じるかもしれませんが、言い直しがそれ以前に言ったことを完全に消去して、別の表現として最初から言い直しているのに対し、ブレンドは途中から形が切り替わって、二重構造になっているという点が異なります。日本語で言うならば、主語と述語の一致しないねじれ文と呼ばれる現象がこれに当たるでしょ

う。

ねじれ文の例：
ここでの重要な論点は、うちの部署の中の誰が今回の広報企画に中心的にかかわり、責任をもって進めていくか、ということが重要だ。

「ここでの重要な論点は」という形で始めているので、「…ということだ」と終えるのが自然ですが、文末が「…ということが重要だ」という文頭の内容を繰り返すような形になっています。

リアルタイムで構成している話し言葉では、発話しているうちに「ここでの重要な論点は」で文を始めたことを忘れてしまって、「うちの部署の中の…」から文が始まっていたかのように錯覚してしまい、このような形が生まれやすくなるのです。当然、相関する部分（上の例でいうと文頭と文末）の距離が離れれば離れるほどその傾向は強いと言えます。

英語でも同じで主語と述語動詞が大きく離れたり、between A and B や not only A but also B などの複数の語が相関しあって成立している構文でそれぞれの語と語の距離が大きくなるとこのような現象が生じやすくなります。

1つ具体例を見てみましょう。アメリカの心理学者であるスティーブン・ピンカー氏に対するインタビューの一部です。新型コロナが蔓延する中での人々の心理がテーマで、「人は身近な具体例をイメージできないと、どんなに深刻な統計の数字を見ても、なかなか実感できない」というピ

ンカー氏のコメントに対し、インタビュアーがその内容を
確認している箇所です。

So are you saying that just by looking at the numbers,
uh, which are pretty alarming in their own right, that is
not enough to make us behave in the kind of way that
we should behave in order to make these infections, uh,
become less prevalent?

"The psychology behind a pandemic - Acclaimed psychologist Steven
Pinker"
Channel 4 News

訳例 つまり、こういうことでしょうか。単に数字
を見るだけでは、それだけで見てもかなり不安になる
数字なのですが、それは、私たちがこれらの感染を減
らすために取るべきような行動を取るよう仕向けさせ
るのに十分ではないと？

ポイントとなるのは、saying に続く that 節の内部の構
造です。just by looking at the numbers「単に数字を見る
ことによっては」の looking「見ること」の主体は「私た
ち」や「人々」だと考えるのが普通なので、その後に続く
節の主語もやはり、「私たち」や「人々」がくることを期
待するのが普通でしょう。
　ところが、この文では that という代名詞が主語になっ

ており、is not enough to make us behave…「私たちに…のように行動させるのに十分ではない」という述語から、むしろ「私たち」が実質上の目的語のように扱われていることが見て取れます。このままこの英文を強引に解釈しようとすると、that が looking の主体であるように感じられて違和感を覚えます。

　むしろ、この箇所は話者が最初、just by looking…we don't…のような文を想定して話し始めたものの、the numbers の後に which are pretty alarming in their own right のような少し長めの説明語句がついて、by の意識が希薄になったため、looking…right のみを that で受け直し、当初想定していたものとは別の形で文を完成させた、と考えることができます。

［that節内の構造］

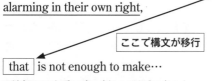

just by <u>looking at the numbers, uh, which are pretty alarming in their own right,</u>

ここで構文が移行

that is not enough to make…
下線部のみを受け直し新しい形がスタート

もし、当初の予定通りに文が続いていれば、

…just by looking at the numbers, which are pretty alarming in their own right, we do not behave in the kind of way that we should behave in order to make these

infections become less prevalent?
　「単に数字を見るだけでは、それ自体、かなり不安になる数字だが、私たちはこれらの感染を減らすために取るべきような行動を取らない…」

のようになるでしょうし、逆に最初から is not enough to make…という述語部分を想定していたのであれば、

　…just looking at the numbers, which are pretty alarming in their own right, is not enough to make us behave in the kind of way that we should behave in order to make these infections become less prevalent?
　「単に数字を見ることは、それ自体、かなり不安になる数字ではあるが、私たちにこれらの感染を減らすために取るべきような行動を取るよう仕向けさせるのに十分ではない…」

のような形になるのが普通でしょう。実際に発せられた文は途中で前者から後者に切り替わり、2つの異なる文構造がブレンドしたような形になっているのです。当然、これはリアルタイムで文を作り上げていく中で途中で考えや想定が変わったからこそ生じる現象であり、書き言葉であれば、前者のパターンか後者のパターンのいずれか1つの形に統一するはずです。

1.5
まとめ

　本章では話し言葉が持つ話者どうしの文脈の共有、共同作業、リアルタイム性といった環境要因を基準にそれぞれがどういう言語的な特徴を生み出しやすいかを確認してきました。ここまでの内容をまとめると以下のようになります。

環境要因１：話者どうしの文脈の共有
→代名詞と指示語の多用
→省略的な表現

環境要因２：共同作業
→疑問文や命令文とその応答
→共同構文による補足や訂正

環境要因３：リアルタイム性
→ためらいによる中断・つなぎ言葉
→繰り返し
→言い直し
→言い換え
→構文のブレンド

　冒頭でも触れたように、話し言葉にも多彩な種類が存在するので、これらはスピーチのような比較的書き言葉に近いものよりも、インタビューや日常会話の中でとくに見ら

れる現象だと理解してもらえればと思います。

独習のコツ

　英語の音声の聞き取りを行ったり、話し言葉のスクリプトを読んだりして学習を行う際に、教科書や参考書では見慣れないような形に出会ったとしても、上で挙げた要因や現象が頭に入っていれば、冷静に対応することができるケースも多いと思います。

　後は実践訓練を通してこれらの現象の実例に慣れておくことが重要になります。YouTube などの動画サイトで興味がある英語圏の著名人（俳優、アーティスト、政治家、研究者、作家などどのようなタイプの著名人でも OK です）のインタビューや会話の動画を探して、視聴してみることは大変有益です。音声だけでは心もとないという場合は英語字幕を付けて見て全く問題ありません。YouTube で英語の動画に付けることのできる自動生成の字幕は完璧とは言えないものの精度が高く、学習にも十分活用できます。

　本書の中でも第3章以降は実践練習を通して具体的なスキルを磨いていくことを目指す内容になっています。そこで取り上げているスピーチ、レクチャー、インタビューは筆者自身が実際に上のような方法を通じてオンライン上で見つけてきたものがほとんどです。

　全ての練習問題にどういう状況、場面で発せられたどのタイプの話し言葉であるかを記載した上で、話し言葉特有の形が出てきている場合には適宜それについても解説してあるので、まずは手始めに実践訓練の場としてこれらに

取り組んでみて下さい。

　本書の練習問題を解き終わる頃には、だいたいどういったタイプの動画がオンライン上にあるのかのイメージもより具体的になっていると思いますので、読者の皆さんが同様の手法でそれぞれの興味にあった人物の動画を探して、学習に取り組んでいくとよいでしょう。

まずは読む力
―リスニングを意識して読む―

本章ではリスニングを念頭に置いてリーディングの学習をする際にどのような点に意識を向け、どういう練習を行えば効果的かということを中心に扱います。同時に、後半ではリーディングではカバーしきれないリスニング特有の問題にも迫ります。

2.1
リスニングを苦手に感じる2つの要因

音声として認識できない

一定の英語の知識がある人が、それでもなおリスニングが本当に苦手でできないと感じている場合、おもに2つの要因がかかわっていると考えられます。

1つは文字で書かれているものを読めばすぐに分かる内容でも、ナチュラルスピードやそれに近い音声で聞くと、正しく語句や表現を認識することができず聞き取れないというケースです。たとえば、"Monster Hunter" という映画の予告編の冒頭近くに出てくる2人の登場人物によるやりとりを見てみましょう。QRコードも付けたので音声で

も聞いてみて下さい。

A : Captain. Do you have any idea what those markers
are?
B : They look pretty ancient.

"MONSTER HUNTER - Official Trailer (HD)"
Sonny Pictures Entertainment

訳例　A：キャプテン、あの印が何か分かる？
　　　B：ずいぶん古く見えるな。

動画 QRコード

　シンプルな英語で難しい語句もほとんど
含まれていません。ところが、このシーン
を学習者に視聴してもらうと、使用されて
いる語句や文法について十分な知識がある
と思われる人でも１回では正確に聞き取れ
ないことがそれなりにあります。

　Do you have…の部分が「ドゥユゥハヴ」ではなく、「デ
ュァヴ」のように聞こえる、They が単語というよりも詰
まった音のように聞こえる、というのが原因のようです。
このような場合は、英語の音声に対する耐性の低さが正確
な聞き取りを妨げているといってよいでしょう。

　中学校や高校の教科書に付属している音声では、文法や
語順を意識させるために Do you や they のような語が強く
発音される傾向にあり、そういった発音が学習者に定着し

ているということもあるのかもしれません。

スピードに追いつけない

　もう1つの要因は音声としては正しく認識できていても、理解するスピードが相手の話す英語のスピードに追いつかず聞き取りが阻害されるというパターンです。

　英語の音声を聞いたり、動画を視聴したりしている際に、はっきりした発音で聞き取りやすいと感じていたのに、徐々にどこがどこにつながっているのかが曖昧になり、自信をもってついていくことができなくなった、という経験をしたことはないでしょうか。こういう場合は、理解のスピードが原因になっています。試しに次の NHK world のあるニュースの冒頭の箇所を書き起こしたものを少し急ぎ足で読んでみて下さい。

Steve Jobs needs no introduction. As founder of Apple, he came up with amazing products and technologies that changed the world, from the Macintosh computer to the iPhone and the iPad.

"What Steve Jobs discovered in Japan"
NHK WORLD-JAPAN

　訳例　スティーブ・ジョブズ氏は紹介は不要でしょう。アップル社の創業者としてマッキントッシュや iPhone、iPad といった世界を変える驚くべき製品や技術を生み出しました。

本書の読者であれば、じっくりと読んでもこの英文の意味が全く分からないという方は少ないと思いますが、急ぎ足で読むとなると、第2文は少し修飾語句が多くなっているために、途中でほんの一瞬考えるといったことがあったかもしれません。

動画 QRコード

　実際のニュースではこの第2文を約12秒で発音しているため、少しでも途中で構造を考えたり、この単語は何だっけなどと悩んだりすると簡単に置いていかれてしまいます。まさに英語を理解する速度がネックになってリスニングがうまくいかないパターンです。

2.2
スピードを意識する

　リスニングを念頭に置いたリーディングの学習ということを考える時、とくに重要になるのは上記の2点目です。音声についてはそれぞれの単語の正確な発音やアクセントを覚え、実際に音を聞きながら英語のリズムやイントネーションに慣れることがどうしても不可欠ですが、英語の理解そのものの速度を上げるということであれば、リーディングを通じても訓練することができるからです。

　以下では、リスニングへの応用を前提として、スピードを上げるためのリーディング練習のコツを紹介していきます。

素材と読み方

　大量に英語を読めば、あまりやり方などを気にせずともおのずと徐々に読むスピードも上がっていくと思いますが、意図的に速度を上げようとするなら、ある程度、制約を設けた状態で練習するのが効果的です。

　まずは読む素材について確認しましょう。あくまでスピードを高めるのが目的ですから、日本語で読んでも頭を捻って考えないと意味が取れないような難解な文学作品や抽象度の高い評論文などは向きではありません。日常を扱った報道の英文や、エッセイなどが好ましいでしょう。

　英文の読み方としては、自信をもって大意が理解できているのであれば細部に分からない語句があっても飛ばして読み進めるというのがポイントです。日本語字幕付きの映画を見ている時の感覚を思い出してもらえれば分かるかと思いますが、1つ2つ完全に理解できないところがあっても、それで途端に何もかもが分からなくなるということはないはずです。

　制限時間を設けたり、時間を計ってみたりしてみるという方法も有効です。その際の基準は、基となる音声のデータがあるなら、その音声と同じスピードで読めるかどうか、ない場合は、ニュースの報道の1つの基準である1分間に150語（150 words per minute 略して 150 wpm）で読めるかどうかを参考にしてみるとよいでしょう。

Wikipedia 英語版に挑戦──任天堂

　具体的にやってみましょう。次の英文は Wikipedia 英語

版の「任天堂」の記事からの抜粋です。細部の不明な点は
飛ばしながら、できるだけ急ぎ足で読んで、読み終わるま
での時間を計ってみて下さい。

Nintendo Co., Ltd. is a Japanese multinational video
game company headquartered in Kyoto. It develops,
publishes and releases both video games and video
game consoles.

Nintendo was founded in 1889 as Nintendo Koppai by
craftsman Fusajiro Yamauchi and originally produced
handmade *hanafuda* playing cards. After venturing into
various lines of business during the 1960s and
acquiring a legal status as a public company, Nintendo
distributed its first console, the Color TV-Game, in
1977. It gained international recognition with the
release of *Donkey Kong* in 1981 and the Nintendo
Entertainment System and *Super Mario Bros.* in 1985.

Since then, Nintendo has produced some of the most
successful consoles in the video game industry, such as
the Game Boy, the Super Nintendo Entertainment
System, the Nintendo DS, the Wii, and the Switch. It
has created numerous major franchises, including
*Mario, Donkey Kong, The Legend of Zelda, Metroid, Fire
Emblem, Kirby, Star Fox, Pokémon, Super Smash Bros.,
Animal Crossing, Xenoblade Chronicles,* and *Splatoon,*
and Nintendo's mascot, Mario, is internationally

recognized. The company has sold more than 5.592 billion video games and over 836 million hardware units globally, as of March 2023.

Nintendo has multiple subsidiaries in Japan and abroad, in addition to business partners such as HAL Laboratory, Intelligent Systems, Game Freak, and the Pokémon Company. Nintendo and its staff have received awards including Emmy Awards for Technology & Engineering, Game Awards, Game Developers Choice Awards, and British Academy Games Awards. It is one of the wealthiest and most valuable companies in the Japanese market.

"Nintendo" *Wikipedia*（2023.12.19 閲覧）

訳例　任天堂株式会社は、京都に本社を置く日本の多国籍ビデオゲーム会社である。ビデオゲームとビデオゲーム機の開発、発表、発売を行っている。

任天堂は 1889 年に職人の山内房治郎によって任天堂骨牌（こっぱい）として創業され、当初は手作りの花札を製造していた。1960 年代に様々な事業に進出し、正式に公開株式会社となった後、1977 年に最初のゲーム機である「カラーテレビゲーム」を販売した。1981 年に「ドンキーコング」、1985 年に「ファミリーコンピュータ」と「スーパーマリオブラザーズ」を発売し、世界的な知名度を得た。

それ以来、任天堂が生み出したゲームはビデオゲーム業界で最も成功したゲーム機となってきた。ゲーム

ボーイ、スーパーファミコン、ニンテンドーDS、Wii、Switch などだ。マリオ、ドンキーコング、ゼルダの伝説、メトロイド、ファイアーエムブレム、カービィ、スターフォックス、ポケモン、大乱闘スマッシュブラザーズ、どうぶつの森、ゼノブレイドクロニクル、スプラトゥーンなど数多くの有名シリーズを生み出し、任天堂のマスコットキャラクターであるマリオは国際的に認知されている。同社は2023年3月現在、全世界で55億9200万本以上のビデオゲームと8億3600万台以上のハードウェアを販売している。

　任天堂は、HAL研究所やインテリジェントシステムズ、ゲームフリーク、ポケモンカンパニーなどのビジネスパートナーに加え、国内外に複数の子会社を持っている。任天堂とそのスタッフは、エミー賞テクノロジー＆エンジニアリング部門、ゲームアワード、GDCアワード、英国アカデミー賞ゲーム部門を含む賞を受賞してきた。日本の市場において最も豊かで価値の高い企業の1つである。

　どれくらいの時間で読み終わることができたでしょうか。この英文でだいたい250語程度なので、ニュースの報道であれば1分半から2分程度で読み上げるものになります。2分以内で十分理解できたという人であれば、簡単なニュースの英語ならすでにある程度聞き取れる箇所も多いのではないかと思います。

　一方、この英文を2分で理解するなんてとてもじゃない

が速すぎると感じた方もいるかもしれません。そういう人の場合、英語の読解をスムーズに行う際の基本事項を見落としている可能性があるので、次の節でそれについて説明したいと思います。

——————— 2.3 ———————
こうしてスピードを上げる

英語の語順通りに——ジョブズの革新

　ご存じの通り、英語と日本語は文の幹となる基本文型においても、文の枝を形成する修飾語句においても、大きく語順が異なっています。そのため、英語の文を自然な日本語に訳そうとすると、後ろにある要素を前に持ってきたり逆に前にある要素を後ろに持っていったりということが必要になることも少なくありません。

　今では、まず流暢な日本語に置き換えてから意味を考えるといったような往年の「訳読」をやっている人はほとんどいないと思われますが、それでもやはり、日本語に置き換えるという癖が残っていて、それによって読む速度が遅くなっている場合があるように思います。

　誤解のないように言っておくと、私はここで、英語は英語のまま理解すべきであって、日本語に置き換えてはならない、と言っているわけではありません。各パーツに関しては日本語の置き換えによるサポートを大いに活用してかまわないと思います。

　一方で、文型や修飾関係の大きな構造については英語の

順番のまま理解する癖をつけたほうが絶対に読む速度は上がります。そのためには、S＋V＋…の構造、名詞＋修飾語の語順に慣れるということがまず何よりも重要になります。上で見たスティーブ・ジョブズ氏の英文から、次の箇所を取り上げて考えてみましょう。come up with…は自動詞と前置詞が組み合わさった熟語ですが、ここでは、3語セットで「…を思いつく、提案する」を意味する他動詞のようなものになっていると考えて下さい。

…he came up with amazing products and technologies that changed the world, from the Macintosh computer to the iPhone and the iPad.

"What Steve Jobs discovered in Japan"
NHK WORLD-JAPAN

［訳例］ 彼はマッキントッシュや iPhone、iPad といった世界を変える驚くべき製品や技術を生み出しました。

原文と訳例を比べてみた時、日本語の文の情報提示の順番と英語の文の情報提示の順番がそれぞれ以下のようになっていることが分かります。

日本語
彼は→マッキン〜べき →製品や技術を →生み出しました。
［誰が］→［どんな］×3 →［何を］　　　→［どうする］

英語

he 　　　came up with　amazing　　products　that…iPad
［誰が］→［どうする］→［どんな］→［何を］→［どんな］×2

　日本語を聞いたり読んだりしている場合は、［どうする］に当たる動詞が最後にくることに加え、出てきた時点で関連するほぼ全ての情報が出そろっているため、ゴールに到達したと一息ついて安心するというところがあります。

　一方、英語での［どうする］に当たる部分はその後の流れを占う文の中核の起点であり、使用されている動詞の性質を見極め、次に続きそうな形に意識を向けなければなりません。今回の英文で言うと、came up with「思いついた、提案した」という言葉が出てきた時点で「何を?」という方向に自然に頭が動くようにしておく必要があるということです。

　また、その［何を］に当たる「製品や技術」のところも日本語と英語の違いが大きく出ている箇所です。この「製品や技術」がどういうものかを説明する語句が日本語では全て前に置かれているのに対し、英語では「驚くべき」に相当する amazing だけが前に、残りの2つは後に配置されていることが分かるでしょう。

　日本語の場合、名詞を説明する語句は全て名詞の前に置かれるため、名詞が出てくればその名詞句のゴールということで一息つくことができます。

　しかし、英語では名詞の後ろから説明を加える後置修飾の形が発達しているため、ここでも、名詞を見た段階でそ

の性質を見極め、次にくる流れを予想するきっかけとしなければならないのです。amazing products and technologies までは日本語と同じように理解するとして、そこで安心するのではなく、「どういう性質の?」とか「具体的にはどのような?」という方向に頭が向くようにしておくということです。

　このように文や節については [誰／何が] → [どうする] → [誰／何を] といった順番、名詞句については [誰／何] → [どんな] という順番で情報を受け取ることに頭を慣らしておけば、各パーツについては日本語に置き換えて考えていても英語を語順通りに理解することがかなり楽になります。

　he came up with「彼は思いついた」ときた時点で「思いついたのは何?」と考えているので amazing products and technologies「驚くべき製品や技術」という語句をそのままスムーズに理解できます。

　また、products and technologies のところで「驚くべき製品や技術って、どういう?　たとえばどんな?」と考えているので that changed the world「世界を変えた」や from Macintosh to the iPhone and the iPad「マッキントッシュから iPhone や iPad に至るまでの」というのはまさに今欲しい情報を埋めてくれるものということになるわけです。最後まで全部目を通した上で改めて「マッキントッシュや iPhone、iPad といった世界を変えた驚くべき製品や技術」のような順序で理解し直す必要がなくなるということです。

　ここまでの内容をまとめると、英語をできる限り本来の

語順に近い形で理解するには次のような思考の癖をつける
ことが必要です。

文・節の読み方
［誰 / 何が］［どうする（他動詞）］ときたら「誰 / 何を /
に?」と考える。
［誰 / 何が］［どうする（自動詞）］ときたら「どこで?」
「いつ?」「どのように?」「なぜ?」と考える。

名詞句の読み方
［誰 / 何］に当たるシンプルな名詞句が出てきたら「ど
んな?」「具体的には?」と考える。

　もちろん、ここに挙げたのは英語の語順に頭を近づける
ための方法論のごくごく初歩の一部に過ぎませんが、この
2つを徹底するだけでも、かなり前進するのではないかと
思います。

カタマリをカタマリとして捉える（1）——ドラマの予告編
　英語を理解するスピードを上げるためのもう1つの方法
として、複数語がつらなって1つの意味をなすいわゆる定
型表現の知識のレパートリーを増やし、それに慣れるとい
うことが挙げられます。
　上で見たスティーブ・ジョブズ氏の英文では come up
with という3つの語からなる語句を、「…を思いつく、提
案する」という1つの他動詞のようなものとして捉えまし
た。come と up と with という語の知識や理解に加えて、

come up with という表現を別個にストックし、理解しておくというのは一見、非効率な記憶の仕方に思えるかもしれませんが、実際にこういった熟語に文章中で出会ったことのある方なら、come up with…「…を思いつく、提案する」、let go of…「…を手放す」、give in to…「…に屈する」などというふうに1つのカタマリで暗記していることがいかに理解をサポートするかはご存じのはずです。

　2〜3語からなる熟語やイディオムの類については、構成しているパーツに分解しても意味が推測できないものが多いためか、学習参考書などでも取り上げられており、カタマリとして捉えるという習慣がついている人が多いかもしれません。

　では、もっと範囲の大きい、文法的に分析すれば十分に意味が推測できそうな「構文」などについてはどうでしょうか。パーツを文法的に組み合わせて十分に意味が分かるものまでなぜ丸覚えしなければいけないのか、と感じる人もいそうです。

　しかし、2022年に出て話題を呼んだ中田達也氏の『英語は決まり文句が8割』（講談社現代新書）では、実際には英語の母語話者や上級者はその話の大部分を一語一語組み立てているというよりはカタマリとなるような定型表現を丸ごと使って話していると指摘しており、自然な会話のスピードについていくためには読み手、聞き手のほうも同じようにカタマリをカタマリとして瞬時に把握できなければならないと言えます。

　具体例を1つ見てみましょう。次の英文はSense 8というドラマシリーズの予告編の冒頭での登場人物たちのやり

とりです。

A : Few know <u>what it means to be reborn a Sense 8.</u>
B : A what?

"Sense 8 Official Trailer [HD]"
Netflix

訳例　A：センス 8 として生まれ変わるということ
がどういうことか、分かっている者はまずいない。
B：何だって？

　このやりとりの最初の発言の下線部分は What does it
mean to 不定詞？「…するというのはどういうことか？」と
いう非常によく使われる定型表現を基にした疑問詞節です。
it が形式主語で後ろの to 不定詞を受けている形だと考え
れば基本文法の範囲で分析的に説明することが可能ですし、
「…することが何を意味するのか？」という直訳でも意味
は通ります。
　より応用的な表現が出てきた場合も考慮に入れると、こ
ういう仕組みを理解しておくことは必要です。しかし、こ
の表現を使用している話者はいちいちそのように文を組み
立てて使ってはいないでしょうし、受け手としても実際読
んだり聞いたりする際には、what does it mean to…? を
「…するというのはどういうことか？」という 1 つの決ま
った言い回しとして認識しておくほうがはるかにスムーズ

で効率的です。

　ちなみに、上のやりとりでは、返しの A what? というセリフも話し言葉らしい面白い表現ですね。相手の発言の最後に出てきた、a Sense 8 という言葉を繰り返すことで確認しているのですが、sense 8 の部分が正確に聞き取れなかったために、その部分を what に変えて表現しているパターンです（なお、この sense 8 というのは sensate「感応者」という単語との言葉遊びになっています）。

　このように相手の表現の一部が聞き取れなかった時に、語順はそのまま、聞き取れなかった部分のみを対応する疑問詞に置き換えて聞き返す手法は echo question と呼ばれています。やはり、複数人の共同作業としての話し言葉ならではの表現法と言えるでしょう。

カタマリをカタマリとして捉える（2）──英首相のスピーチ

　もう1つ具体例を挙げてみましょう。2022年にイギリス首相に就任したスナク氏が、首相就任時に行ったスピーチからです。

But you saw me during COVID <u>doing everything I could</u> to protect people and businesses, with schemes like furlough.

"Rishi Sunak's first speech as UK prime minister"
BBC News

訳例　しかし、皆さんはコロナ禍で、私があらゆる

手を尽くして、一時帰休などのスキームによって人々
や企業をサポートしてきたのを目にしたでしょう。

　まず、カタマリに入る前に、you saw…のところにも簡
単に触れておきます。上の節で［どうする］に当たる動詞
からその先の流れを意識するという話をしましたが、saw
のように後ろに OC「O が C するのを」という形を取るこ
とのできる動詞は要注意です。you saw と見た時点で、「何
を」だけでなく、「誰 / 何が」「どうするのを」の可能性
もあると考えなくてはなりません。

　今回の英文の場合、saw me まで確認すれば後者のパタ
ーンだろうと見当をつけることができます。これは首相が
国民に向けて語っている内容なわけですから、「皆さんは
私を見ました」と何も言っていないに等しい内容で文が終
わるのは不自然だからです。「私が…するのを見てきた」
となるはずだ、と考えることができていれば doing が出て
きた時に戸惑わずに済みます。

　では、本題に入りましょう。下線部分は do everything I
can to 不定詞「…するためにできる限りのことをする」
「あらゆる手を尽くして…する」というやはり頻出の定型
表現が基になっています。これについても、everything の
後に関係代名詞節が続いていて、can の後には do が省略
されており、最後の to 不定詞は「目的」や「結果」を表
す副詞用法と考えれば文法的に説明できますし、それに応
じて「…するために私ができる全てのことをする」と直訳
しても意味は通ります。しかし、カタマリとして覚えてし

まい、聞いたり読んだりする際に1つの単語のように処理できるようになっておけば、理解の速度が速まることは間違いないでしょう。

　ここで扱ってきたようなカタマリはじつはいたるところに隠れていて、学習者が普段英語を読んだり聞いたりしている際に分析的に理解している表現も母語話者や上級者は丸ごと1単語のように使用しているケースは少なくありません。この点については第4章でもう少し掘り下げて扱いますが、英語に触れる中でよく見る文字列だなと思われるカタマリがあったら、いわゆる「熟語」的なものではなくとも、丸ごと覚えてしまうのも有効だということは知っておいてもよいかと思います。

2.4
発音に耳を傾ける

　リーディングの勉強法を工夫することで、リスニングにも効果的な形で学習することができるという点を確認してきましたが、リスニングの対象は音ですから、やはり文字で読んでいるだけでは限界があります。

　最初からお伝えしているように本書のポイントはリスニングの力を上げるためにいかにリーディングを活用するかにあるので、リーディングから離れる部分は中心テーマではありません。ですので、最低限、ここだけは注意しておきたいという箇所を、発音の知識、発音の強弱の2点からまとめておきたいと思います。

ウクライナとユークレイン

英語の音声を聞き取る上で大きな障害になるものの 1 つが発音に対する知識の欠如です。とはいっても、母語話者のように完璧な発音をするための正確な音声の知識が不足しているという意味ではありません。もっとシンプルで基本的なものです。少し例を挙げて説明しましょう。

ある時、日本語が堪能な英語話者が日本語で説明している最中に、「ウクライナ」という単語のみ英語発音をして、聞いていた人々が一瞬、「???」の表情になったことがありました。ご存じの通り、Ukraine は何とかカタカナで再現するなら、「ウクライナ」よりもむしろ「ユークレイン」に近い発音になるからで、聞いている人は「ユークレインって何?」と、戸惑ってしまったのです。

これが、ここで言っている発音の知識の欠如です。特定の英単語について、その正確な発音を知らない、できないのみならず、そもそも全く英語発音とは違う発音で認識してしまっているという状態です。リスニングの観点から言うと、これはかなり大きな障害です。Ukraine の完璧な発音はできなくとも、「ユークレイン」に近いと知っていれば聞き取ることは可能ですが、「ウクライナ」だと思っているとまず認識できないからです。

一方で、このような発音の誤解はリーディング中心で勉強してきた人にはとくに生じやすいものです。日本で普及しているカタカナ語とそれに相当する英単語がそもそも単語の時点で異なる場合は、リーディングの学習の過程で気づくことができます。

たとえば、brochure という単語や maglev train という語句に初めて出会ったとすれば、その意味を調べて、それぞれ、日本語の「パンフレット」や「リニアモーターカー」に相当するものだという知識を得ることができるでしょう。

　しかし、Ukraine という語は形から「ウクライナ」のことだろうと初見でも推測できてしまうために、なかなか辞書で発音まで確認しようとはなりません。実はこういう単語は国名や地域名、生物名などに多く、ニュースを聞く際には鬼門になったりもします。

　具体例をいくつか示しましょう。いわゆる日本語でのカタカナ発音（左）と英語発音（右、発音の仕方が複数あるものはカタカナ発音ととくに違いの大きいもの）にできるだけ近くなるようにカタカナ表記したものを並べています。太字になっている部分は英語で第一強勢が置かれる箇所です。

　Haiti 「ハイチ」「**ヘイ**ティ」
　Jerusalem 「エルサレム」「ジャ**ル**サラム」
　Muslim 「ムスリム」「**マ**ズラム」
　Neanderthal 「ネアンデルタール」「ニ**アン**ダタール」
　Orangutan 「オランウータン」「オ**ラン**ガタン」
　Sudan 「スーダン」「ス**ダーン**」
　Tehran 「テヘラン」「テァ**ラーン**」
　Ukraine 「ウクライナ」「ユーク**レイン**」
　vaccine 「ワクチン」「ヴァク**シーン**」
　virus 「ウイルス」「**ヴァイ**ラス」

　さらに、ものの名前以外だと、おもにアメリカ英語ですが次のような例もあります。

anti-「アンチ」「**アンタイ**」
multi-「マルチ」「**モゥタイ**」
semi-「セミ」「**セマイ**」

　リスニング力が非常に高い人は別として、何とかついていっているレベルだと、文中でこういう認識できない単語が1つ出てきただけでも、混乱してしまうことがあるので侮れない要素だと思います。

発音の強弱

　続いて、発音の強弱にも触れておきたいと思います。文を構成する単語は大きく分けて2種類あります。名詞、動詞、形容詞、副詞のように内容的な意味を持つ単語と、冠詞、接続詞、助動詞、代名詞、前置詞のように文を文法的に組み立てるための役割を果たす単語です。専門用語では前者を内容語、後者を機能語と呼んで区別します。

　一定以上の年齢でどちらかと言うとリーディングを中心に英語を勉強してきたという人は文法もしっかり学んでいることが多く、英文を読む際にもとくに接続詞や助動詞、前置詞や冠詞などの機能語にまずは注目しがちでしょう。それ自体は間違ってはいません。機能語を無視して英文の意味を正確に把握することなど不可能だからです。

　しかし、自然に英語を使いこなしている人々から見ると、

これらはどんな文にも出てくるそこにあって当たり前の単語であり、文の情報を伝える上では内容語のほうがはるかに重要です。

したがって、音声面でも内容語に対し機能語は弱く発音される傾向にあります。この発音の強弱が単に声が大きくなる、小さくなるという程度であればよいのですが、機能語の場合、強い発音か弱い発音かでそもそも音が異なる場合もあるのが厄介なところです。実際、英和辞典には多くの代名詞、接続詞、助動詞、前置詞などの発音について、強形と弱形の2種類の発音が記載されています。ここでは講義などでの聞き間違いの例を参考に、具体例を3つほど紹介します。

まずは、he / his / him / her の代名詞や have / has などの助動詞で弱形の発音では h が省略されることがある点です。たとえば、his で h が省略されると is と同じ発音になり、have だと of、has だと as と同じ発音になります。実際、大学の教室でナチュラルスピードの has ＋過去分詞形の現在完了形の聞き取りをやってもらうと、一定の割合で has を as や is と聞き違える人がいます。

続いて、日本の学習者がとくに苦労しがちな、助動詞の過去形＋ have ＋動詞の過去分詞形のパターンも要注意です。could / should / would ＋ have ＋動詞の過去分詞形などの形ですね。そもそも想定より速く発音されることに加え、真ん中に of のような音が入ることで混乱してしまいがちです。could / should / would ＋ have ＋ been などの時には been の発音が意外に短いことも加わり、have を完全に聞き逃して、could / should / would ＋ be だと思って

しまうこともあるようです。

　3つ目はこれまでの2つとは逆のパターンで、不定冠詞 a が強形になった場合です。不定冠詞の a は［ə］という弱形の発音の方で通常は覚えますが、強形の発音［eɪ］が用いられることも実はかなりあります。この強形の発音が直前の語と混じると別の単語のように聞こえることもあるので要注意です。以前に Who does a pronoun like *he* refer to?「he のような代名詞が誰を指しているか」という疑問文の聞き取りを行った際、強形で発音された a が直前の does と融合した感じになっていたために、who do say や who to say だと聞き違えてしまうという例も見られました。

　以上、教室での実例を参考にしながら、問題となりそうなところを見てきましたが、ここで扱ったのはごく一部です。多くの機能語の発音には強形と弱形があることを忘れずに、よく知っている単語についても違和感があったら、しっかりと発音の記述を辞書などで確認するようにしましょう。

2.5
まとめ

　本章では、リスニングにおける課題を音声面と理解面に大別した上で、リーディングとリスニングの共通点が多い側面として後者の理解面にフォーカスし、どのようなリーディング学習法がリスニングにとっても効果的かを解説してきました。

とくに重視したのがスピードを意識したリーディング練習と、そのスピードを上げるための方法論です。具体的には150 wpm（1分間に150語の速度）で読むという目標を提示し、そのために必要な戦略として、「**英語を英語の語順通りに読む**」というものと「**カタマリをカタマリとして捉える**」ことを挙げ、実例を用いて説明しました。

　同時に、最後の節ではリスニングの課題のもう1つの要素である音声面にも簡単に触れ、**カタカナ語と英語で典型的に発音が異なる語**や、弱く発音される**機能語**の存在についても言及しました。

独習のコツ

　本章はそもそも学習法にフォーカスした章なので、上の「まとめ」がそのまま独習のコツとしても活用できます。英語を読む際やリーディングの学習をする際にも特別に難解なものでなければ、つねにスピードを意識するようにしましょう。

　また、ネット上の記事など、速読の対象とすべき英文で途中で構造が分からなくなったり、何度も読まないと理解できないような英文に出会った場合は、頭が日本語の語順に引っ張られていないかを吟味し、その文の構造を一読してスムーズに読み解くためにはどのような思考プロセスが必要かを考えるようにしてみるとよいでしょう。

　後半で紹介した音の要素の部分は、実際にナチュラルスピードの英語に触れて慣れるしかないという側面もありますが、カタカナ語と英語の発音が異なる単語については、まずは電子辞書、オンライン辞書に発音をさせ、自分の耳

で聞いてみるのがよいでしょう。

　ウェブ上で無料で使用できる Cambridge Dictionary 英英辞典などは、イギリス発音、アメリカ発音の両方を聞くことができ、また、例文も比較的豊富なのでおススメです。

Cambridge Dictionary
https://dictionary.cambridge.org/

　本書で扱っている素材は第3章以降のものも含めて英米の話者によるスピーチやニュースが多いですが、もちろん、英語が話されているのは、アメリカやイギリスだけではありません。たとえば、カナダやオーストラリア、ニュージーランドといった国々が思い浮かびます。

　さらに言うと、これらの伝統的に英語圏とされる国々以外でも、英語は数十に及ぶ国で主要な言語として用いられていて、しかも、その数は今も増えつつあるとされています。

　インド系アメリカ人の学者ヤムナ・カチュルー氏は拡大していく英語圏を同心円のモデルを用いて、内円圏 (inner circle)、外円圏 (outer circle)、拡大円圏 (expanding circle) の3つに分類しました。

　内円圏とは英米豪加のように英語が母語として話されている国、外円圏はシンガポールやインドのように植民地支配などを経て英語が主たる第二言語として定着している国、拡大円圏は中国や日本のように英語が重要な国際語として認知されている国を指します。

　英語話者という言葉から私たちが真っ先に連想する内円圏の話者数はせいぜい4億人程度ですが、外円圏の話者も入れるとその数は10億人を超えると言われ、拡大円圏で

カチュルーのモデル

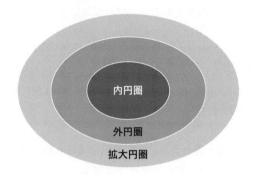

英語を学んでいる人々も入れるとさらに膨大な数になります。

国際共通語としての英語の側面に注目するなら、これらの非母語話者の数は無視できません。英語学の巨人デイヴィッド・クリスタル氏のように、自分が話したり書いたりする際にお手本とする英語は英米の英語でよいが、受信の際には相手が多様な英語を話しても理解できるように、ある程度多彩な英語に耐性をつけておいたほうがよい、と指摘する人もいます。

もちろん、英米の標準的な英語ですら大変なのに世界各国の多用な英語方言なんてとてもとても、と感じる人もいるでしょう。実際、今すぐに特定の英語方言を話す人とコミュニケーションする状況でなければ、まずは英米の英語をモデルに学習するので何も問題ありません。しかしその

場合でも、世界にどのような英語を話している人がいるのか、多少、見聞きするくらいはしておいてもよいと思います。

　そこで、このコラムでは世界の英語の多様性をほんの少しだけ皆さんに味わってもらおうと思います。内円圏、外円圏、拡大円圏、の中からそれぞれ少し癖のある例を１つずつ、挙げます。

内円圏・オーストラリアの英語——豪首相のスピーチ

　ご存じの通り、オーストラリアはもともとイギリスの植民地であったため、その英語の原形はイギリス英語です。とくに移民として多くやってきたロンドンの労働者階級の英語の影響が強いと言われています。発音の面でよく話題になるのは today が「トゥダイ」となるように、英米の標準語で「エイ」と発音されるところが「アイ」になるといった特徴です。

　以下の１文はかつてのオーストラリアの首相、トニー・アボット氏が首相として行った最後のスピーチの冒頭の１文です。下の QR コードで動画の最初の 15 秒ほどを視聴し、下線部がどのように発音されているか、確かめてみて下さい。

Uh, this is not an easy day for many people in this

building. Leadership <u>changes</u> are never easy for a country. Uh, my pledge <u>today</u> is to <u>make</u> this <u>change</u> as easy as I can.

"Tony Abbott addresses media for the last time as prime minister"
ABC News

　下線部を引いた day, change, today, make について、「デイ」、「チェインジ」、「トゥデイ」、「メイク」という発音で認識している人がほとんどだと思いますが、ここではそれぞれ「ダイ」「チャインジ」「トゥダイ」「マイク」のようにも聞こえると思い

動画 QRコード

ます。実際、オーストラリア英語の音声を使って、大学の教室でディクテーションをやってみると、day とすべきところに die を入れたり、make とすべきところに mic を入れる学生が一定数います。

外円圏・インドの英語——印首相のスピーチ

　外円圏の英語になるとさらに私たちが慣れている英語との差が大きくなります。インド英語にも様々な特徴がありますが、標準英語ではきわめて重要な音の強弱やリズムの感覚が薄く、標準英語と異なる位置に強勢を置いて発音することがあるため聞き取りづらくなることがあります。

また、綴り字に律儀にしたがった発音をする傾向がある
ため、標準英語では発音しない（弱く発音する）文字もし
っかり発音して、別の単語のように聞こえるということも
あるようです。よく指摘されるのは、r をどこにあっても
巻き舌気味の「ル」と発音する傾向で、インド英語の大き
な特徴になっています。以下はモディ首相がアメリカの国
会で行ったスピーチの一部です。上と同様、音声でも確認
してみて下さい。

The foundation of America was inspired by the vision of
a nation of equal people. Throughout your history, you
have embraced people from around the world, and you
have made them equal partners in the American dream.

"Kamala Harris Bursts into Laughter after PM Modi's this Comment at
U.S. Congress"
Hindustan Times

　最初の3つの下線部、foundation、Ameri-
ca、history については標準英語と第一強
勢の位置が異なるか、あるいは平坦な発音
になっているために、異なる語のように聞
こえてしまいかねない恐れのある箇所です。
また、partners についてはとくに最後の r

動画 QRコード

が「ル」としっかりと発音され、「パートナルズ」のよう

に聞こえます。教室で紹介すると、personals のように聞こえたという人もいます。

拡大円圏・フランスの英語──ピケティのインタビュー

最後は拡大円圏からの例として、フランス人の話す英語も挙げておきたいと思います。英語もフランス語も共通のアルファベットを使う言語であり、加えて、英語にはフランス語由来、あるいはフランス語の祖先であるラテン語由来の単語も多くあるため、フランス人が話す英語はフランス語に影響を受けやすいと言えます。

以下は『21 世紀の資本』などで 2010 年代に話題を呼んだフランスの経済学者トマ・ピケティ氏が BBC のインタビューを受け、「英語圏にあなたの本が一気に広まり様々な反響があるが、どう感じていますか」という質問に答えている箇所です。流暢な英語ですが、癖のある発音で、教室で紹介すると多くの学生が戸惑うものでもあります。

Oh yes, I, you know, first of all, I, I, I think that you know the biggest success of the book was to be able to appeal to many people who usually don't read this kind of book and, you know, over two million copies have been sold in the world, including about one quarter in the English language, which is important, but which reminds us that three quarter of the world reads other languages than English, which is also something to remember.

"Thomas Piketty on Capitalism, Corbyn and why Zuckerberg is getting it wrong"
BBC Newsnight

1つ目と2つ目の下線部では、th の部分の発音がポイントです。think の θ の音が s の音に、this の ð の音が z の音に聞こえますね。また、this では母音の i の箇所も i: の音になっているため、this よりも these のように聞こえると感じる人もいるかもしれません。

動画 QRコード

3つ目の下線部では、have been sold の have の h の音が落ちて、ave になっているのが分かります。助動詞の have について h の音が落ちることは標準英語でもよくあるものですが、フランス語では h を基本的に発音しないため、このように h が発音されないケースがとくに多く登場する傾向があります。

さらに、4つ目と5つ目の下線部に出てくる quarter(s) は、フランス語の quart「四分の一」に影響を受けてでしょうか、「クォッフター」のように聞こえ、かなり聞き取

りづらくなっています。とはいえ、BBCのインタビューに答えているわけですから、何とか通じるレベルにはあるということですね。

　以上、内円圏、外円圏、拡大円圏の中からそれぞれ1つずつ、私たちが習う標準英語とは少し異なる癖のある英語を紹介しました。国際共通語として英語を使う場合は、ここで見てきたような英語を話す人々とやりとりをすることもあるかもしれず、それぞれの地域の英語に特徴があることは頭の片隅に置いておきたいですね。

第3章

スピーディーに読む技法
―「先読み」は文法がカギ―

第3章からは、ここまでの内容をヒントにしつつ、さらに応用力を高めるべく、音声の英語を文字に起こしたものを素材に実際に英文に取り組んでいきます。本章では文法知識を生かした「先読み」の方法を扱います。

先読みと聞いて、ひょっとしたら違和感を覚える方もいるかもしれません。聞くにしろ、読むにしろ、まずは相手の発言や文章があって、それを受け取った上で意味を考えて理解するのではないか。そもそも相手がまだ言っていない内容をどうやって先読みするのか、と。

たしかに内容についてはまだ言っていないことを厳密に予測するのは難しいですが、相手が英語という言語を使ってコミュニケーションをしている以上、一定の守らなければならないルール（おもに文法的なルール）に基づいて文を発信しているはずですから、ある発言から次にどういう構造がくるかについてはかなり正確に予測できます。

この「予測の力」はリスニングにおいてはとくに明暗を分けるものとなります。次にどういう構造がくるか、どういう表現が続くかが分かっている状態で聞けば、長くて複雑な語句が続いたとしても慌てずに対応することができますし、文法的に全く異なる語句と聞き違えることも一気に

減らすことができるからです。

　本章では具体的にどのように英文に向き合えば後に続いて出てくる文法構造を先読みできるのかを、動詞による構造の予測、名詞による構造の予測、大きな主語への対処法、従属節への対処法という4つの点から解説していきたいと思います。

3.1
動詞による構造の予測

　第2章で英語を読む速度を上げるためには、[誰 / 何が][どうする（他動詞）]ときたら「誰 / 何を / に?」と考え、[誰 / 何が][どうする（自動詞）]ときたら「どこで?」「いつ?」「どのように?」「なぜ?」と考える癖をつけるべきであるという点について触れました。

　本節で扱うのはそれの応用版です。前章でも述べた通り、英語では動詞がその先の文の進行を予言する重要なポイントになるわけですが、当然、動詞の意味やタイプによって、後に続く構造も異なります。

　SVO の文型を取る他動詞であれば、後ろに名詞句が1つ必ず出てくるでしょう。SVOO なら2つ、SVOC なら名詞句が2つくる場合もあれば、名詞句の後に形容詞句が続く場合もあるといった具合です。

　いずれにせよ、動詞が出てきた時点で、たとえば、discuss「議論する」なら「何を?」、give なら「誰に?」「何を?」、第5文型の make なら「何を?」「何に? or ど

う？」と考える癖をつけておかなければなりません。

　もちろん、動詞の後に続くのはこういった典型的なO、OO、OCのパターンだけではありません。O to 不定詞の形が続くこともあれば、O to be Cといった形、O 前置詞句が続くこともあります。とはいえ、幸いにして、それぞれの形がどういう場合に使用されやすいかはある程度、動詞の意味に基づいて決まっているため、パターン化して理解しておくことができます。

　以下にそれぞれのパターンとその形を取る典型的な動詞を挙げておきますが、大学受験レベルの動詞の語法の知識がほとんどですので、そのあたりは問題ないという方は簡単に確認だけして先に進んでもらえればと思います。

動詞と後に続く構造のパターン

[O to 不定詞]

　基本的には目的語（O）に何らかの形で働きかけて、一定の行為をする方向に向かわせるという意味です。

・求める・依頼する系
　ask O to 不定詞「O に…するよう頼む、求める」
　invite O to 不定詞「O に…するよう誘う」
　require O to 不定詞「O に…するよう求める、要求する」
　urge O to 不定詞「O に…するよう要請する」

• 命令する系
　order O to 不定詞「O に…するよう命令する」
　tell O to 不定詞「O に…するよう言う、命令する」

• 促す系
　lead O to 不定詞「O に…するように導く、…させる」
　prompt O to 不定詞「O に…するように促す」

• 説得する系
　convince O to 不定詞「O を説得して…させる」
　persuade O to 不定詞「O を説得して…させる」

• 許可する・可能にする系
　allow O to 不定詞「O に…するのを許す、…すること
　を可能にさせる」
　enable O to 不定詞「O に…することを可能にさせる」
　permit O to 不定詞「O に…するのを許す、…するこ
　とを可能にさせる」

• 強制する、余儀なくさせる系
　compel O to 不定詞「O に…することを強制する」
　force O to 不定詞「O に…することを強制する」
　oblige O to 不定詞「O に…することを義務づける」

⎡O to be C⎤

　O を C だとみなす、考えるというタイプの認識の意味
で、to be なしでも使えるものが多いです。

believe O (to be) C「O を C だと考える、信じる」

consider O (to be) C「O を C だとみなす」

deem O (to be) C「O を C だと考える」

perceive O to be C「O が C だと気づく」

O as C

上と同じく、みなす、考えるというタイプの認識の意味で、重複しているものもあります。

consider O as C「O を C だとみなす」

regard O as C「O を C だとみなす」

see O as C「O を C だとみなす」

view O as C「O を C だとみなす」

続いて、O1 前置詞 O2 となるパターンも見てみましょう。

O1 for O2

O2 を理由に O1 を評価する、O1 の処遇を決めるというタイプの意味になることが多いです。

● 称賛する・評価する系

admire O1 for O2「O1 を O2 のことで称賛する」

praise O1 for O2「O1 を O2 のことでほめる」

● 批判する・非難する系

blame O1 for O2「O1 を O2 のことで責める」

criticize O1 for O2「O1 を O2 のことで非難する」

[O1 from O2]

O1 を O2 から切り離すという意味が基本になっています。

- 区別する系
  distinguish A from B「A と B を区別する」
  separate A from B「A と B を分ける」

- 解放する系
  free A from B「A を B から自由にする」
  emancipate A from B「A を B から解放する」

[O1 into O2]

O1 に何かをして O2 に変化させるという意味と、O1 を O2 に取り込むという意味が基本にあると考えて下さい。

- 変化させる系
  change O1 into O2「O1 を O2 に変える」
  transform O1 into O2「O1 を O2 に変形させる」
  translate O1 into O2「O1 を O2 に翻訳する」

- 取り込む系
  include O1 into O2「O1 を O2 に含める」
  introduce O1 into O2「O1 を O2 に導入する」

O1 of O2

　これはかなり異なる2つのタイプがあります。O1にO2を納得させる、というタイプと、O1からO2を取り除く、奪うというタイプです。

- 納得させる系

  convince O1 of O2「O1にO2を納得させる、確信させる」

  persuade O1 of O2「O1にO2を納得させる、確信させる」

  satisfy O1 of O2「O1にO2を納得させる、確信させる」

- 取り除く・奪う系

  clear O1 of O2「O1からO2を除去する」

  deprive O1 of O2「O1からO2を奪う」

  rob O1 of O2「O1からO2を奪う」

O1 with O2

　異なる3つのタイプがあります。O1とO2を同一視する、というタイプと、O1をO2で満たす、というタイプ、そしてO1をO2と共有するというタイプです。

- 同一視する系

  confuse O1 with O2「O1をO2と混同する」

  equate O1 with O2「O1をO2と同等とみなす」

  identify O1 with O2「O1をO2と同一視する」

- 満たす・補充する系
  fill O1 with O2「O1 を O2 で満たす」
  provide O1 with O2「O1 に O2 を提供する」
  supply O1 with O2「O1 に O2 を供給する」

- 共有する系
  share O1 with O2「O1 を O2 と共有する、分ける」

ニュース英語を聞く（1）── 緊急事態宣言

　上で紹介したような動詞の後に続く形のタイプとそれぞれの形を取る典型的な動詞を把握して、その知識を応用すれば、英語を読む際はもちろんのこと、聞く際にも先読みの大きな手がかりとすることができます。実際にニュースとスピーチの英語の書き起こしを使って練習してみましょう。

　まずは、ニュースからです。2021 年に 3 度目の緊急事態宣言が発出された際の Nippon TV News 24 の報道の抜粋です。

⌈緊急事態宣言⌋

₁Prime minister Suga Yoshihide declared a State of Emergency on April 23rd amid a surge in Coronavirus infections in various parts of Japan. ₂The measure will cover Tokyo, Osaka, Kyoto and Hyogo prefectures from April 25th to May 11th. ₃This is the third time for

Japan to be under a State of Emergency over the Coronavirus. ₄The government is expanding the scope of establishments that will be asked to limit their operations. ₅<u>It will ask restaurants that serve alcohol or offer Karaoke facilities and stores with floorspace of over 1000 square meters to close during the 17-day period.</u>

"Japan declares coronavirus state of emergency for 3rd time"
Nippon TV News 24 Japan　　00:00~00:44

英文タイプ：ニュース
発話時間：44 秒
発話速度：133 wpm

動画 QRコード

語注

• declare a state of Emergency：「緊急事態宣言を出す」
• amid：「…の真っただ中で、…の中で」
• surge：「急増、急拡大」
• part：「地域」
• expand：「拡大する」
• facilities：「施設」
• floorspace：「床面積」

　動詞による先読みという観点からとくに重要になるのは、下線部分ですが、それ以外の箇所も簡単に確認しておきましょう。

まず、第 1 文は当時の菅義偉首相が 2021 年 4 月 23 日に緊急事態宣言を出したことが述べられています。declare a state of emergency「緊急事態宣言を出す」は報道で毎日のように用いられた言い回しで、英語でニュースを見る習慣がある人は丸ごと覚えたという人も多いでしょう。

　第 2 文の主語の The measure は「緊急事態宣言」を受けており、それがどの地域を対象とし、どれくらいの期間に及んだかを説明しています。

　第 3 文は「緊急事態宣言」がすでに 3 度目であることに言及していますが、time の後ろに続く for Japan to be under a state of emergency は要注意。for Japan は to be under a state of emergency「緊急事態下になる」の意味上の主語を表現していて、全体は「これは、コロナウイルスの件で日本が緊急事態下になる 3 度目です」となります。

　第 4 文以降は、その 3 度目の緊急事態宣言下の具体的内容が説明されています。第 4 文の文構造はシンプルですが、英語の音声を聞きなれていない人には、establishments を修飾する文末の that will be asked…という関係代名詞節の that will be のところが少し聞き取りづらく感じられるかもしれません。機能語の発音は弱くなるという点を思い出しましょう。

　第 5 文はまさに動詞による先読みの力が試されます。まずはこの文の構造から判断できることを確認しましょう。It will ask…ときたところで、It が the government を指すのだろうと見当をつけることができれば、It will ask というのは「政府が何かを求める意向である」という内容だと読み取れます。

　それを前提に次に目を向けると、restaurants that…とい
う名詞句があることが分かります。「レストランを求め
る」では意味がわからないため、これは「レストランに…
することを求める」という構造だろうと推測することがで
きます。であれば、上で確認した「O to 不定詞の形を取
る動詞」の知識を用いて、この restaurants から始まる名
詞句が終わったところで、「…することを」を意味する to
不定詞句が登場するのではないか、と考えるのが自然な流
れです。この文では、「求める」相手を表現している目的
語が、

　restaurants (that serve alcohol or offer Karaoke facilities)
　「アルコールを出している、もしくはカラオケ施設を提
　　供しているレストラン」
　and
　「や」
　stores (with floorspace of over 1000 square meters)
　「床面積が 1000 平方メートル以上ある店舗」

のように関係詞節が入ったり、等位接続詞で名詞句が並列
されたりしてかなり長くなっていますが、上のような先読
みができていれば、meters の後に to close…という to 不
定詞句がいきなり登場しても、もともと予想していたもの
ですから、すんなりと理解できるでしょう。
　ここまで構造だけから予測できる点を説明してきました
が、もちろん、文脈を踏まえ、直前で establishments that
will be asked to limit their operations「営業活動を制限する

ことを求められる施設」の話が出ているのだから、その具体的内容が説明されるはずだと内容面の先読みをすることも可能です。これらの予測を合わせると、第5文の It will ask の時点で対象となる商業施設の具体的な内容を目的語（O）で、制限の具体的な内容を to 不定詞の形で表現するはずだ、という考えに至ることができると思います。

いずれにしても一見すると ask と to 不定詞の間に長い名詞句が入ることで複雑になっているように見える文構造でも、動詞のタイプに基づいて大枠が予想できていることで、スムーズに英語の語順通りに理解できるわけです。

［構造］

It (**S**)

　will ask (**V**)

| restaurants that serve alcohol or offer Karaoke facilities
and
stores with floorspace of over 1000 square meters | (**O**) |

　to close during the 17-day period.（**to 不定詞**）

訳例　日本の各地域で新型コロナウイルスの感染者数が急拡大する中、菅義偉首相は4月23日に緊急事態宣言を発令しました。4月25日から5月11日にかけて東京都、大阪府、京都府、及び兵庫県が対象とな

ります。コロナウイルス関連で日本が緊急事態下になるのは今回が3度目です。政府は営業活動を制限するよう求める施設の範囲を拡大する方針です。アルコールを提供しているレストランやカラオケ設備のあるレストラン、そして、床面積が1000平方メートル以上ある店舗に17日間、休業することを求めることになります。

スピーチ英語を聞く──チャールズ3世の女王追悼

次は2022年のエリザベス女王の崩御に伴い、イギリス国王となったチャールズ3世のスピーチからです。取り上げるのは、女王の死後、王として初めて国民に向けて行ったスピーチの一部です。

音声的には王族が伝統的に用いる、いわゆる堅い容認発音（RP）の英語であり、アメリカ英語は言うまでもなく、多くのイギリス人が話す英語ともかなり異なる発音になっています。とはいえ、ゆっくりとしたスピードではっきりと話しているので特別聞き取りづらいものではありません。

チャールズ3世の女王追悼

₁I speak to you today with feelings of profound sorrow.

₂Throughout her life, Her Majesty The Queen — my beloved Mother — was an inspiration and example to me and to all my family, and we owe her the most heartfelt debt any family could owe to their mother; for her love, affection, guidance, understanding and example.

₃Queen Elizabeth's was a life well lived; a promise with destiny kept and she is mourned most deeply in her passing. ₄That promise of lifelong service I renew to you all today. ₅Alongside the personal grief that all my family are feeling, we also share with so many of you in the United Kingdom, in all the countries where the queen was head of state, in the Commonwealth and across the world, a deep sense of gratitude for the more than seventy years in which my mother, as queen, served the people of so many nations.

"King Charles III makes First Address to the UK as sovereign"
BBC News   00:00~01:18

英文タイプ：スピーチ・演説
発話時間：1 分 18 秒
発話速度：116 wpm

動画 QRコード

【語注】

- **Her Majesty The Queen**：「女王陛下」
- **inspiration**：「励ましを与えてくれる存在」
- **example**：「模範、お手本」
- **owe O a debt**：「O に恩義を感じる」
- **mourn**：「（死などを）悲しむ、（死者を）悼む」

- head of state : 「元首」
- Commonwealth : 「イギリス連邦」
- gratitude : 「感謝」

　やはり下線部がポイントとなりますが、順番に見ていきましょう。第1文からなる最初のパラグラフはとくに問題ないかと思います。「深い悲しみとともに皆さんに語りかけています」ということですね。

　第2文はand を挟んで前半と後半に分かれています。前半では、an inspiration and example のところが、女王がどのような人物、存在だったかを説明する語句となっていることを読み取り、「励ましを与えてくれ、模範となってくれる人物」のように解釈できるかがポイントです。

　後半の owe her the most heartfelt debt は「真に心の底からの恩義を感じている」というくらいの意味ですが、owe 人 a debt、owe a debt to 人「人に恩義を感じている、人から恩を受けている」はカタマリで把握しておきたい表現。この知識があるのとないのとでは、ここをスムーズに聞き取れるかどうかに差が出ると思います。any family could owe to their mother は関係代名詞節で、the most heartfelt debt を修飾します。セミコロン (;) の後の for her love, affection, guidance, understanding and example の 部分はとくにどういったことに対する「恩義」なのかを説明しています。

　第3文は主語が、Queen Elizabeth's となっていることに注意して、Elizabeth's の後に life を補って考えましょう。最後の in her passing の pass は pass away と同じ「亡くな

る」という意味です。

　第4文は語順に注意。That promise of lifelong service
「生涯を通じての奉仕の約束」が第3文の a promise を受
けていることは明らかですが、その後に I renew to you all
today と SV の形が続き、そこで文が終わることから、こ
の文は本来動詞 renew の後にある名詞句が主語の前に出
て OSV の語順となったものと考えなければなりません。

［構造］

That promise of lifelong service（O）

I（S）

renew（V）

to you all today.

　音声だと、service の後に少し間があるため、ここは音
で聞いている方が語順に気づきやすいかもしれません。前
文で言及した「約束」を起点にして、自分の役目にも言及
するために、このような構造になっていると考えることが
できます。

　では問題の下線部の第5文に目を向けましょう。まず、
この英文を最初に読んだとき、一読してしっかり内容を理
解することができたでしょうか。もし、文が長くなる中で、
どこがどこにつながっているのかが容易には分からず、何
回か読み返してしまった、という場合、当然、音で聞いて
も同じことが起こると考えられます。むしろ、相手のペー
スで言葉がどんどん進んでいくので、より混乱する可能性
は高まるでしょう。

　たしかに、この英文は少し複雑な構造をした長めの文で
すが、だからといって、国王がこの部分だけを特別にゆっ
くりと話しているということはありません。つまり、この
文についても、他の文と同じように、英語の語順に沿って
スムーズに理解できなくては聞き取れないということです。
　ではどうすれば、この一見複雑な構造をした英文を悩む
ことなく語順通りに理解できるでしょうか。ポイントはや
はり動詞にあります。
　冒頭にある Alongside the personal grief that all my family
are feeling は問題ないかと思います。前置詞句の中の名詞
句に that all my family are feeling という関係代名詞節がか
かっている形ですね。文頭に前置詞句があるということは、
その前置詞句が途切れたところで、通常は主語（S）と述
語動詞（V）が出てくるはずです。まさにその予想通り、
feeling の後にコンマ（,）を挟んで we also share という
SV の形が登場するので、ここが、この文の主語と述語動
詞だと考えてよいでしょう。
　ポイントはここからです。share という動詞は自動詞の
用法もないことはないですが、他動詞で「…を共有する、
分かち合う」という意味を表す方が一般的です。また、
share O1 with O2「O1 を O2 と共有する」という構造でと
くに O1 が重い情報を担っていたり、その文の情報の重要
なパーツになっていたりする場合に、

のように O1 が本来の位置から後ろに移動する、いわゆる

後置もよくある現象です。これらが念頭にあれば、we also share with so many of you…「私たちはまたあなた方の内の非常に多くの人々と共有している」まで読んだ時点で、「何を?」と考え、後ろに「共有」の対象となる名詞句が出てくるはずだ、と考えることができるはずです。

　in the United Kingdom 以降に様々な前置詞句が続きますが、正直ここは全てを完全に理解したり、聞き取ったりすることができなくとも、女王と関係のある人々がいる様々な場所を表しているのだろうというくらいの認識でそこまで問題はありません。「共有」の対象となる名詞句を意識し、world の後に出てくる a deep sense of gratitude を聞き逃さず、これが「共有」の対象、つまり、share with O2 O1 の O1 だということを把握すれば、「家族としての個人の悲しみと並んで、女王とかかわりのあった世界の多くの人々と女王に対する深い感謝の念も分かち合っている」という文の中核の意味は読み取れるからです。

　［構造］

(Alongside the personal grief that all my family are feeling,)

we（S）
　also share（V）
　　　with so many of you in…the world,（with O2）
　　　a deep sense of gratitude…（O1）

初中級レベルの学習者の方がこの英文の構造の説明だけ

を見ると、3行離れた a deep sense of gratitude が share につながる、というのはじっくり考えて初めて理解できることのように思え、読んですぐにそれがわかったり、ましてや、聞きながら正しく読み取るのなんてとても無理だ、と感じるかもしれません。

　しかし、それはしかるべきところで、しかるべき先読みをしていないからです。share with so many of you というところで、share という動詞の性質や語法から「何を?」と考えて、後ろに名詞句を期待して聞いたり読んだりしている人にとっては、a deep sense of gratitude がどれだけ離れていようとも、最初から出てくるだろうと予測しているもの、もっと言うと、待ち受けてさえいるものなので、特別難しくありません。出てきた時点で、「はい、これが共有しているものね」と考えて、時間差なく理解できます。

　訳例 　私は深い悲しみとともに皆さんに語りかけています。

　その生涯を通じて、女王陛下——最愛の母——は、私や家族たちに励ましを与え、模範となってくれる存在でした。私たちは彼女に対し、家族が母に対して感じるものとしてこれ以上ないくらいの心からの恩義を感じています。

　エリザベス女王の人生は、立派に生き、運命との約束をまっとうした人生でした。その生涯にわたる奉仕の約束を、私は今日ここで皆さんに新たに誓います。家族の皆が個人として感じている悲しみとともに、私たちはまた、英国および女王が国家元首であったすべ

ての国々、イギリス連邦、そして世界中にいらっしゃる非常に多くの皆さん方と、70年以上にわたり母が女王として多くの国の人々に奉仕してきたことに対する深い感謝の気持ちも分かち合っています。

3.2
名詞による構造の予測

　第2章では、動詞だけでなく名詞についても、［誰／何］に当たるシンプルな名詞句が出てきたら「どんな?」「具体的には?」と考える、という点を強調しました。本節ではとくにこのような頭の働かせ方が重要になるものとして、後ろに修飾語句が複数重なるような複雑な構造を持つ名詞句の理解にフォーカスしたいと思います。

名詞のタイプを見極める

　後置修飾に慣れていない日本語母語話者にとって、名詞を修飾する語句が後ろに2つも3つも続くのはかなり厄介です。1つ目の修飾語句がやっと終わったところで、別の修飾語句らしきものが出てきて、それが直前につながるのか、もっと前につながるのかがとっさに判断できず、考え込んでしまうといったような経験をした方もいらっしゃるでしょう。こういった構造を出てきた語順のまま理解できるようにするためには、中心にある名詞から、ある程度、その後に続く構造を先読みしておく必要があります。以下

に名詞句のタイプとその後に続く可能性の高い典型的なパターンをまとめました。

動詞派生の名詞

　動詞派生の行為を表す名詞は前後に多くの修飾語句を伴う可能性を秘めています。たとえば、translate「翻訳する」という動詞を考えてみましょう。この単語を使って、世界で起こっている出来事を表現しようとした場合、当然、

　He translated the book into English.
　「彼はその本を英語に翻訳した」

のように「誰が?」＝ He、「何を」＝ the book、「何に?」＝ English という情報をともなって初めて意味が完成します。translate が名詞化して translation となった場合でも、「翻訳すること」という個別の行為を表現している限りは同じことが当てはまります。よって、このような名詞は、動詞の際に主語や目的語として表現されるものと同種の情報が修飾語句として補われる可能性が高いのです。

　his translation of the book into English
　「彼がその本を英語に翻訳したこと」

　つまり、行為を表す意味で translation という単語が用いられているような場合には、動詞の時と同じで、この単語を見た時点で、「誰が?」「何を?」「何に?」という方向に頭を働かせることが重要になります。

このような視点で見ると、3.1で見た他動詞、その中でもとくに後ろに複数の要素を取る他動詞から派生した名詞は、修飾語句が複雑になりやすいものとして注意が必要です。動詞の構造をほぼそのまま名詞でも受け継ぐことのできる代表的な例を見てみましょう。

conception of O as C「OをCとみなすこと、OをCだとする認識」

translation of O1 into O2「O1をO2に翻訳すること」

inclusion of O1 into O2「O1をO2に含めること」

confusion of O1 with O2「O1とO2を混同すること」

identification of O1 with O2「O1とO2を同一視すること」

こういった名詞の後に複雑に思える後置修飾の構造が続いていても、たとえば、confusionという語が出てきた時点で「何と何を混同するということか?」と考える癖がついていれば、正確かつスムーズに理解できる確率が大きく上がるわけですね。

「of＋意味上の主語＋動名詞句」をしたがえる名詞

名詞の中には、その内容を主語と述語をともなう文に相当する形で表現できるものが多くあります。たとえば、

fact「事実」や idea「考え」、statement「発言」、chances「可能性」などですね。こういう名詞の内容は後置修飾の that 節（同格の that 節などと呼ばれる）を用いて表現するパターンがよく知られています。

the fact that he is a doctor
「彼が医者であるという事実」

the idea that the world is getting more and more dangerous
「世の中がどんどん危険になっているという考え」

the statement that there are too many universities
「大学が多すぎるという発言」

chances that they will pass the exam
「彼らがその試験に合格する可能性」

　一方、同じ名詞であっても、that 節を使わずに「of ＋意味上の主語＋動名詞句」の形を用いてその内容を表現することもあります。上の that 節を用いた4つの例をこの形で言い換えてみましょう。

the fact of him / his being a doctor

the idea of the world getting more and more dangerous

the statement of there being too many universities

chances of them passing the exam

　この動名詞構文の形はthat節を取ることのできるほとんどの名詞に対して使用できることに加え、以下の例のように文法上の制約からthat節を取ることのできない名詞に対しても使えるので、実際はニュースなどを聞いていてもそれなりの頻度で登場します。

examples of athletes turning into celebrities
「アスリートがタレントに転向する例」

video of children playing with a huge dog
「子供たちが大きな犬と遊ぶ動画」

photos of many people gathering together
「多くの人が一堂に会している写真」

　発信する側からすると使い勝手のよい便利な表現法ですが、受け手側からは、ここから文の形が始まりますよ、と明確に示してくれるthat節と比較して、前置詞から始まり、後ろに動詞の…ing形も含んでいるために複雑に見えてしまうことがあります。
　やはりこの場合も、名詞が出てきた時点で、動名詞構文がきそうだな、と先読みできているかどうかが、スムーズな理解に大きく影響しそうです。思考・発言・可能性・

例・画像などに類する意味を表す名詞の後に of がきたら要注意、という意識は必要でしょう。

ニュース英語を聞く（2）——東京オリンピックの無観客開催

それでは実際のニュースの報道の書き起こしを用いて練習をしてみましょう。コロナウイルスの影響で 2020 年から 2021 年に延期となった東京オリンピックについて無観客で行われることが決定されたということを報じているニュースからです。開催に不安を抱いているという国民の声を紹介した後、感染を抑え込みつつ大会を開催することの難しさについて触れている箇所になります。

東京オリンピックの無観客開催

Now, despite a long list of COVID-19 rules for Olympic participants, you have had instances of athletes who've been fully vaccinated and testing negative before departure testing positive for COVID-19 in Japan.

"Tokyo Olympics Bans Spectators Amid Rising COVID Cases"
CNN　01:18–01:31

英文タイプ：ニュース報道
発話時間：13 秒
発話速度：147 wpm

動画 QR コード

- a long list of… :「多くの…」
- fully vaccinated:「十分に（2回）ワクチン接種をした」
- test negative / positive :「検査で陰性 / 陽性だと分かる」
- departure :「出発」

　一文の短い引用ですが、一度で構造が取れたでしょうか。文頭につなぎ言葉の副詞の Now が入った後、despite という前置詞句から文が始まるため、この前置詞句が終わったところで主語（S）と述語動詞（V）が出てくると考えて読み進めます。そうすると、participants の後に you have had…というそれらしい構造が登場し、予測が正しかったことが確認できます。

　問題はこの have had の目的語となっている instances…の部分です。本節の説明に則り、instances「例」の後に of ときた時点で「of ＋意味上の主語＋動名詞句」の形が続く可能性を思い浮かべましょう。

　また、この英文では意味に基づく予測も重要です。上で紹介した文脈に加え、文頭にある前置詞句が「オリンピック参加者に対する新型コロナ関係の多くのルールにもかかわらず」という意味になっているので、後に続く文の中核部分では

「そのルールがうまく効果を発揮していない」
「新型コロナを抑えることができていない」

ということを伝えるような内容がくるのではないか、と見当をつけることができます。

　この前提で、instances of に続く構造を見ていきましょう。athletes who've been fully vaccinated は「2回ワクチン接種をしたアスリート」と解釈でき、むしろ、新型コロナ対策がしっかりできていることを示唆する内容ですので、これだけでは上の意味による予測の内容と一致しません。

　続いて、and testing negative before departure の部分も「そして、出発前は検査で陰性だった」ということなので、やはり、コロナ対策がしっかりできているというニュアンスです。また、構造から見ても、ここまでは of の後ろに関係代名詞節のついた大きな名詞句の構造ですので、上で見た「意味上の主語＋動名詞句」の形だとすれば、まだその構造にはなっていません。

　よって、ここまで読んだ時点で、構造と意味の両面からの予測を生かし、この後に、そのアスリートたちに何かしらのよからぬことが起こった、という内容が続くのではないか、そして、おそらくはそれが動名詞句の形を取るのではないか、と予測できることが理想です。

　この前提で、departure の後の testing positive for COVID-19 in Japan に目を向ければ、構造、意味ともに予想通りのものとなっているので、何の苦もなく、athletes who've been fully vaccinated and testing negative before departure を意味上の主語とする動名詞句であることが読み取れるでしょう。

instances
>　　of
>　　athletes who've…departure（意味上の主語）
>　　testing positive for COVID-19 in Japan（動名詞句）

　逆にこういった予測ができていなければ、最後の
testing positive…の部分について、前にかかる現在分詞句
の可能性や分詞構文の可能性などを考えてしまって混乱し
たり、読み取りに時間がかかってしまったりするかもしれ
ません。

　音声的には、who've been のところが機能語が連続して
いることもあり、少し厄介だと感じるかもしれませんが、
完璧に聞き取れなくとも、fully vaccinated and testing
negative の部分が何らかの形で athletes の説明をしている
と分かれば、後は上と全く同じ予測で構造と意味を正確に
つかむことができます。

　なお、testing positive…の前に少しポーズがあるため、
音声で聞けばそこに何らかの区切りがあることはすぐに分
かるというのはその通りです。しかし、それがどういう意
味の区切りなのかを同じスピードで理解するには、以上で
見てきたような構造と意味の両面からの先読みができてい
ることが不可欠でしょう。

［訳例］ そして、オリンピック参加者に対して新型コ
ロナ関連のルールが数多く設けられているにもかかわ
らず、2回ワクチン接種をして出発前には検査で陰性

だった選手が、来日した後に検査で陽性になるという
例もすでに出ています。

<hr />

3.3
長い主語に惑わされない

<hr />

さて、本節では主語がかなり長くなるようなケースにつ
いて、混乱せずにスムーズに理解するためには、どのよう
な頭の働かせ方を心がけるとよいかを検討していきます。

慌てずに述語動詞を待つ

主語が長くなるのは、名詞句に3.2で見たような後置修
飾語句がどんどん追加されるパターンと、to不定詞句や
動名詞句といった準動詞のパターン、及び名詞節のパター
ンがあります。

それぞれのケースを個別に見ていきたいと思いますが、
大前提として英語の場合、いずれのパターンでも冒頭にそ
の主語名詞句の概要を占う語が存在します。その要素が出
てきたところで主語名詞句の概要を見定め、同時に、それ
に対応する述語動詞の登場を待つ、という姿勢を持つこと
が重要です。次の3つの例で確認してみましょう。

1. The <u>student</u> who goes out into the world thinking that
   the only kind of English that she or he is ever going to
   encounter is the standard English is in for a shock.

「今後、標準英語にしか遭遇することはないという考えで世の中に出ていく学生にはショックが待ち受けている」

2 .That the scientific community remains divided on the issue of climate change highlights the complexity of the ongoing debate.
「科学者のコミュニティも気候変動の問題について依然として見解が割れているということが、現在行われている議論の複雑さを物語っている」

3 .Being able to speak English and effectively communicate complex ideas is a valuable asset in the field of international business.
「英語を話し、複雑な考えもうまく伝えることができるということは、国際ビジネスの場では貴重な才能である」

1 の例では The student を関係代名詞の who 節が修飾し、その who 節の末尾である the standard English まで長い主語名詞句が続いていますが、名詞句の中核は student です。The student が出てきた時点で、この名詞句、もしくはそれに後置修飾で説明を加えたものが文の主語になる可能性が高い、と判断できます。したがって、この後にどのような説明が続こうとも、student に対応する述語動詞が出てくるはずだ、と考えながら英文を追っていくということになります。

　2の英文は that が構成する「…ということ」という意味
の名詞節が主語になっているパターンです。That the
scientific community と続いたところで、おそらくは That
が「…するということ」という意味の名詞節を形成する接
続詞であること、その名詞節が文の主語となること、節が
終わったところで主語に対応する述語動詞が出てくるであ
ろうことが読み取れます。

　3のケースは、Being able to…complex ideas の動名詞句
が主語になっているパターンです。Being able to…の時点
で「…できること」という動名詞句が主語になるだろうと
想定し、to の後に「できる」内容を表現する動詞句の形
がくるだろうと予想できます。その動詞句の内容を理解し
ながら、それに対応する述語動詞の登場を待つことになり
ます。

　このように、長い名詞のカタマリが主語になっている場
合でも、基本的にはその名詞句の先頭、あるいは先頭近く
にその名詞のカタマリがどのようなタイプでどういう形に
なりそうかを占う語があるため、そこでしっかりと主語名
詞句の形を先読みしておけば、長い修飾語句が続いても慌
てずに落ち着いて、述語動詞の登場を待つことができます。

映画情報を聞く──「ワンダーウーマン」の次作
　それでは、具体的に動画を基にした書き起こしで練習し
てみましょう。最初に取り上げるのは映画「ワンダーウー
マン」シリーズの今後について情報提供している 2022 年
の動画の一部を書き起こしたものです。制作会社のトップ
の意向で予定していた3作目が制作されないことになりそ

うだが、主演女優のガル・ガドット氏はまだやる気がある
ということを指摘している箇所です。

「「ワンダーウーマン」の次作]

[1]On December 6, just prior to news of the Wonder
Woman cancellation, Gadot tweeted about her longtime
superhero role, concluding with the promise that she
"can't wait to share Diana's next chapter with you."
[2]But that message came before the news broke that the
planned sequel was no longer moving forward.
[3]Whether or not Gadot might remain a part of any
future Jenkins' Wonder Woman project or even a part of
the DC's cinematic universe moving forward is not
quite certain for the time being.

"Wonder Woman 3 Dies On The Table As DC Undergoes Changes"
Looper 02:57~03:20

英文タイプ：エンタメ情報（モノローグ）
発話時間：23 秒
発話速度：221 wpm

動画 QRコード

[語注]

- prior to… :「…の前に」
- tweet about… :「…についてツイートする」
- conclude with… :「…で終える、最後に…を入れる」

- **can't wait to 不定詞**：「…するのが待ちきれない」
- **break**：「（ニュースなどが）突然、表に出る」
- **sequel**：「続編」
- **move forward**：「（企画などが）前に進む」
- **Jenkins**：「パティ・ジェンキンス監督」
- **DC's cinematic universe**：「DCコミックスを原作とする映画作品の世界」
- **moving forward**：「今後、将来」
- **for the time being**：「当面は、今のところは」

　第1文は2つの前置詞句が続いた後に、Gadot (S) tweeted (V) about…「ガドットが…についてツイートした」という文の中核となる部分が出てきます。最後の、concluding with the promise that…は追加情報を付け加える分詞構文で「そして、…という約束で終えた」と考えればよいですね。なお、can't wait…you にダブルクオーテーションが付されているのはガドットのツイートの文面をそのまま引用しているからです。したがって、ここでの you はガドットがツイートを通じて語りかけているフォロワーたち、ということになります。

　第2文の that message came before the news broke…の箇所は「そのメッセージが出たのは…の前だった」という意味です。before 節の中の the news はここまでの流れを理解していれば、「続編が中止になったというニュース」のことを指していると読み取れると思います。この前提があることによって、broke の後に続く that 節が the news の内容を説明する同格節であるという点もよりスムーズに

91

読み取れます。

　では、ポイントとなる第3文に入っていきましょう。まず、Whether or not から始まっているので、節が文頭にあることはこの時点で確定できます。whether には名詞節と副詞節の両方を作る機能があるため、この段階では、そのどちらかは決め打ちできません。

　しかし、Gadot might remain a part of any future Jenkins' Wonder Woman project「ガドットが今後のジェンキンスのワンダーウーマン企画に参加し続ける…」のあたりまで読んだ段階で、おそらくは名詞節で主語になるのではないかと予想できます。理由として、もしここを副詞節で捉え、「ガドットが今後も企画に参加しようとしまいと」と解釈すると、あたかもそれが重要なことではないかのようなニュアンスが出てしまい、ガドットとシリーズの関係の今後を占うというこの文脈には合致しないからです。

　以上の点から whether…は「…かどうか」を意味する名詞節ではないかと先読みし、それに対応する述語動詞を探す姿勢があれば、is not quite certain が出てきたところで、これが述語部分だとスムーズに判断できるでしょう。

　ただし、is の直前にある moving forward に「今後」を意味するイディオムの用法があるということを知っていないと少し難しいかもしれません。直前で「前進する」という文字通りの意味で move forward を使った例が出てきているため、とくに注意が必要です。

［構造］

[Whether or not Gadot might remain a part of any future Jenkins' Wonder Woman project or even a part of the DC's cinematic universe moving forward] (**S**)

is (**V**)

not quite certain (**C**)

　音声的には、第3文の remain a part の a の発音に注意です。第2章でみた不定冠詞 a が強形で発音されるパターンですね。

> ［訳例］ 12月6日、「ワンダーウーマン」の中止のニュースが報じられる直前に、ガドットは長年演じているヒーローについてツイートし、最後に「ダイアナの次の物語を皆さんにお披露目するのが待ちきれない」と約束しました。しかし、そのメッセージが投稿された後に、予定されている続編のプロジェクトがもう前には進まないというニュースが突然出てきたのです。ガドットが今後もジェンキンス監督のワンダーウーマン作品に参加し続けるのか、いや、そもそもDC作品の映画の世界に残るのかさえ、当面のところ、はっきりとはしていません。

ニュース英語を聞く（3）──安倍元首相の死

　続いて、CNN のニュース動画の書き起こしにも挑戦してみましょう。2022年に安倍晋三元首相が暗殺された際

の報道で、この事件が日本ではいかに異例なことかを強調
している部分です。

　引用箇所は1人の人物の発話ですが、スタジオからの質
問に現地レポーターがその場で答えるという即興性の強い
やりとりの一部なので、その分、話し言葉の特徴が強めに
出ています。

安倍元首相の死

₁Japan, you know, one gun-related death in all of 2021
for a country, uh you know, roughly half the size and
population of the United States. ₂Uh a country that, you
know, hasn't had a political assassination since 1960.
₃Uh this is an extraordinarily rare event. ₄And <u>for it to
happen not to, you know, warring yakuza factions, gang
members fighting each other over territory, but for it to
happen to Shinzo Abe, Prime Minister Abe, the Former
Prime Minister, the longest serving Prime Minister in
Japanese history, uh it it it will will, undoubtedly, raise a
lot of questions at dinner tables across Japan.</u>

"Former Japanese Prime Minister Shinzo Abe Assassinated"
CNN　06:01~06:39

英文タイプ：ニュース
発話時間：38 秒
発話速度：165 wpm

動画 QRコード

[語注]

- gun-related death：「銃による死亡事件」
- yakuza factions：「ヤクザの派閥」
- the longest serving：「在任期間が最長の」
- undoubtedly：「確実に」

　冒頭から、完全な文の形をしていない断片的な構造や、つなぎ言葉の you know の多用など、話し言葉らしい特徴が目立ちます。

　第 1 文は、Japan と主題を明示した後、通常の文の形を取らず、名詞句で文が終えられています。for a country の for は「…の割には、…なのに」を表す用法。you know を飛び越えて、roughly half the size and population of the United States が a country を修飾していることを把握しましょう。

[構造]

Japan (, you know,)

one gun-related death in all of 2021

for a country (, uh, you know,)

↖

　　　roughly half the size and population of the United States.

　続く第 2 文も日本の状況を説明する「1960 年以降、政治的暗殺がなかった国」という意味の名詞のカタマリがポンッと置かれた形になっています。

第3文で初めて普通に主語と述語を伴った完全な形の文が登場します。この第3文までは日本がいかに銃と縁がない国であるか、いかに暗殺事件が異例のものであるかを強調していることが読み取れます。

　では、問題の第4文に進みましょう。Andの後、for it to happen…という形が続きます。「for ＋ 名詞句 ＋ to不定詞句」という形は、to不定詞句に意味上の主語を加えた典型的なパターンですが、文頭にこの形が出てきた場合、2つの可能性があります。1つはto不定詞の名詞用法で「〜が…すること」という意味を持つ名詞のカタマリになり、文全体の主語の役割を担うパターン。もう1つはto不定詞の副詞用法として機能し、「〜が…するために」と目的を表すパターンです。

　ただし、この文では、itが「安倍晋三元首相を襲ったような異例の事件」を指すことが明らかなので、「このような異例の事件が起こるためには」と副詞用法で解釈すると少し違和感が残ります。名詞用法だろうと考えて読み進めるのがよいでしょう。

　for it to happenの後にnot to…と続きますが、notの位置から、not to A but to Bの形がきて、「AにではなくBに対して」という意味になるのではないかと先読みできていると、後ろでbut for it to happen to Shinzo Abeという形が出てきた時に戸惑うことがありません。シンプルにbut to Shinzo Abeとしても文法的には問題ない箇所ですが、notから少し離れたので、改めてfor it to happenから言い直したと考えてよいでしょう。Shinzo Abeの後ろに、安倍晋三元首相を言い換えて説明する名詞句が2つ入ったとこ

ろで、it it it will will…という SV の形が出てきます。

　for it to happen…が名詞用法で「それが起こること」という意味の大きな名詞のカタマリになっているのであれば、その後に動詞を続ければ、主語と述語の形が完成するはずなので、この it はなんだろうと戸惑うかもしれませんが、これはまさに第 1 章で見た、リアルタイムで発話を行うことから生じる、言い換えの例です。for it to happen…から始まる to 不定詞句を用いた主語が必要な情報を付け足していくうちに長くなったため、to 不定詞句が完結したところでいったん区切り、それを it で受けて文を仕切り直した形になっています。

［構造］

And

> for it to happen <u>not</u> to, you know,…over territory,
> 　　　　but for it to happen to Shinzo Abe…
> 　　　　history,

uh ｜it｜ it it（S）
　　will will, undoubtedly, raise（V）
　　a lot of questions at dinner tables across Japan（O）

　なお、it it it will will とあるように発話者は音声では最後の SV の部分の it と will を数回繰り返しており、これもまさに、第 1 章で見た、主語の部分の代名詞に繰り返しが起きやすいという話し言葉の特徴と一致したものになってい

ます。

　この英文を直訳すると骨組みの部分は「このような事件がヤクザどうしの抗争で起こったのではなく、安倍晋三元首相に起こったということは、疑問を提起することになるだろう」といった感じになりますが、下の訳例では日本語の流れを重視して少々意訳しています。

[訳例] 日本は、2021年全体を通して銃による死亡事件は1件です。アメリカの約半分の規模、人口なのにです。1960年以降、政治家の暗殺も起きていません。これはとてつもなく異例の事件です。しかも、それが争っているヤクザの派閥や陣地を取り合っているギャングたちの間などではなく、安倍氏、元首相で日本史上最長の在任期間を誇った安倍氏に起こったとなると、日本中の食卓で様々な疑問を呼ぶことになるのは間違いないでしょう。

3.4
従属副詞節は SV を待て

　主語が大きなカタマリとなって長くなるケースを見てきましたが、文頭に長めの従属副詞節がきている場合も要注意です。その副詞節の内容を一所懸命に解釈している間に、肝心の主節の SV の構造を聞き逃したり、理解できなかったりということになりかねないからです。

　従属副詞節から始まる英語の文は、以下の例のように「副詞節＋S＋V」という語順になるのが原則です。

　1.When I was a student, I lived in Tokyo.
　　「学生の時、東京に住んでいた」

　2.Though he is still young, he knows a lot.
　　「彼はまだ若いが、多くのことを知っている」

　また、意味の観点から見た場合、文頭にある副詞節はどちらかというと文の前提となる内容、話し手と聞き手がすでにある程度共有している内容であることが多く、話し手がとくに伝えたい内容は主節にあるのが一般的です。

When I was a student, ←前提
　　　　I lived in Tokyo. ←伝えたい内容

Though he is still young, ←前提
　　　　he knows a lot. ←伝えたい内容

　以上の構造と意味の特徴を念頭に置いて、音声を聞いていて、従属副詞節と思わしきものから文が始まった場合は、後ろで必ず出てくる主節のSVに意識を集中させるのがポイントになります。
　もちろん、同時に従属節内の内容もしっかりと理解できれば理想ですが、少なくとも、主節がどこから始まっていて、何を伝えようとしていたかが聞き取れていれば、話に

は何とかついていくことができますし、その後のやりとり
から正確に分からなかったところを補うことも可能です。

レクチャー英語を聞く——英語をどう教えるか

　ではインタビューの英語を用いて、実践練習を行ってみ
ましょう。イギリスの英語学の大家であるデイヴィッド・
クリスタル氏が、今後、英語は国際語として教えられるべ
きかという問題に答えた内容になっています。

┌─────────────────┐
│ 英語をどう教えるか │
└─────────────────┘

₁If the aim of English teaching is to produce students
who are able to encounter the English-speaking world
with confidence, then you can't avoid bringing global
English into the classroom. ₂But bringing global
English means two things in relation to language
teaching because there are two sides to language
teaching: teaching production and teaching
comprehension. ₃Now I think the main impact of global
English is in the teaching of comprehension: teaching
listening comprehension and reading comprehension.

"David Crystal - Should English be taught as a 'global' language?"
Macmillan Education ELT　　00:21~00:54

英文タイプ：レクチャー（モノローグ）
発話時間：33 秒
発話速度：138 wpm

動画 QRコード

（語注）

- encounter：「向き合う」
- English-speaking world：「英語話者の世界、英語圏」
- in relation to…：「…に関して」
- production：「生産、発信」
- comprehension：「理解」

　第1文がまさに文頭に従属副詞節が配置された形になっています。If から文が始まったことを確認したら、節の内容を理解しつつ、主節が出てくるのを待ちましょう。この副詞節内では、補語となる to 不定詞句の中の students に関係代名詞節がかかって、やや長くなっていますが、我慢強く待つことが重要です。

　そうすると、with confidence の後に、少し間をおいて then が登場するので、ここが主節が始まるポイントだというのが把握できます。主節は文字通りに解釈すれば「国際英語を教室に持ち込むのは避けられない」という意味ですが、もちろん「教室」は「外国語教育」を比喩的に表現したものになっています。

[構造]

<u>If</u>

   the aim of English teaching

                  is

                    to produce students

                            who…confidence,

<u>then</u>

   you（**S**）

      can't avoid（**V**）…

　この文の場合、ifに呼応するthenがあることで主節が始まるポイントが明示されているために分かりやすいですが、それがない場合でも主節のSVをしっかりと見極めることが重要です。

　第2文以降は、国際英語を英語教育に持ち込むと言っても、発信の教育に持ち込む場合と受信の教育に持ち込む場合の2つの側面があること、その2つの側面のうち、とくに受信の教育に持ち込むことが重要になることを述べています。英語としてとくに難しい箇所はなく、productionとcomprehensionをそれぞれ言語の「発信」と「受信」に近いニュアンスで使っていることを見落とさなければ問題ないでしょう。

　音声的には第1文のproduceが意外に難しいかもしれません。「プロデュース」というのがカタカナ語として定着しているので日本の学習者にとっては馴染みのある語ですが、動詞のproduceのpro-の発音では、弱母音の/ə/が用いられ、「プロ」よりも「プラ」のように聞こえるこ

とに加え後半が juice のように発音されていることが原因だと思われます。また、第2文の because も be- が弱く発音されているため cuz に近い音になっています。

　なお、本例の第1文の if 節では、if もはっきりと発音され、とくに音声的に難しいところはなかったと思いますが、接続詞も機能語であるため、発音が極端に弱まり、ほとんど弱い「フ」のように聞こえることもある点は押さえておきましょう。

> 訳例　英語教育の目的が自信を持って英語の世界と向き合える生徒たちを生み出すことだとするなら、国際英語を教室に持ち込むことは避けられません。しかし、国際英語を持ち込むと言っても、言葉を教えるということについては2つの意味があります。言葉の教育には発信の教育と受信の教育という2つの側面があるからです。私の考えでは国際英語がおもに影響するのは、受信の教育、つまり、聴解と読解を教えることにおいてです。

3.5
使える受験テクニック

　ここまで動詞や名詞の特性に基づく先読みの仕方、カタマリをヒントに文全体の構造に意識を向ける方法を確認してきましたが、学校の試験や受験勉強でとくに重視される

いわゆる構文の知識を活用した予測も、文章を早く読んだり発話のスピードで理解したりするためには重要です。

　大学受験対策などで enough が出てきたら to 不定詞の登場を予想する、とか、so ＋形容詞 / 副詞が出てきたら that 節を期待する、とか、between が出てきたら A and B を探すといったテクニックを習うことが多いためか、こういう考え方をいかにも受験専用のテクニックのように思い込んでいる人もいますが、実際は全く逆で、これらは英語を語順の通りに読んで理解し、口頭での英語のやりとりのスピードについていけるようになるための的を射た重要なストラテジーなのです。

　こういった構文や熟語の多くは、3.1 や 3.2 で見た例同様、日本語と英語で語順が異なるものになっています。たとえば、日本語の「十分」や、「（それ）ほど」という言葉では、通常「何にとってか」という基準に関する情報が先行します。同じように「間」という言葉を使用する場合も、「何と何の」に当たる情報は先に出てきます。これは以下の例を見ても分かる通り、英語とは正反対です。

その状況を理解するのに ｜十分｜
｜enough｜ to understand the situation

誰も追いつけない ｜ほど｜ 速い
｜so｜ fast ｜that｜ nobody could keep up with her

ジョンとスーザンの ｜間｜
｜between｜ John and Susan

　日本語では、「十分」や「（それ）ほど」と出てくればその時点で基準は明確になっていますし、「間」という言葉があればその時点で「何と何の」かも判明しています。こういう語順に慣れている日本語話者が enough や so、between などを確認しても気を緩めずに、後にくる情報が重要だという頭の働かせ方をできるようになるためには、enough ときたら to 不定詞、so ＋形容詞 / 副詞ときたらthat 節、between ときたら A and B のような一見、機械的にも思える公式を頭に叩き込むことが大きな意味を持つのです。

　英語を発話と同時にリアルタイムで理解していかなければならないリスニングでも、当然ながら、この種の構文知識に基づく先読みは重要になります。練習を通じて確認してみましょう。

インタビュー英語を聞く──アメリカ人の価値観
　引用元はアメリカ人の価値観が過去四半世紀で大きく変化したというウォールストリートジャーナルの調査結果について、CNN のキャスターが関連記事を書いた記者に質問している内容のインタビュー動画です。

アメリカ人の価値観

CNN anchor: Okay, Aaron. If, if not patriotism, if not religion or having kids, then what is it that binds us, defines us today?

Zitner: ₁Well, that's, that's the question, isn't it, Michael. ₂I mean, <u>the big finding in this poll is if you spin back 25 years, you could find a set of values and priorities that so many Americans deemed not only to be important but very important that you could say that they help define the American character.</u> ₃And those have dissipated.

"Poll shows American's values shifting"
CNN 01:20~01:52

英文タイプ：インタビュー（ダイアローグ）
発話時間：32 秒
発話速度：153 wpm

動画 QRコード

【語注】
• if not…：「もし…でないなら」
• I mean：「つまり」
• poll：「(アンケート)調査」
• spin back：「巻き戻す、遡る」
• a set of…：「一連の」
• deem O to be C：「O を C だと考える」
• help＋原形動詞：「…するのに役立つ」
• dissipate：「消散する、消えてなくなる」

　まずはインタビュアーの発言から。冒頭の If の後に、if not…の形が 2 つ連続し、then の後から主節となる疑問文

が始まっています。If not…は節内の主語も動詞も省略されているため完全な副詞節とは言い難いですが、形式としては1つ前の節の練習問題で見たのと同様の形です。主節の疑問文はwhatにフォーカスを当てた分裂文（強調構文）です。念のため、例文を挙げておきます。

What is it that makes you think so? (What makes you think so?)
「一体何があなたにそう思わせるのか？」

What is it that you know? (What do you know?)
「一体何をあなたは知っているのか？」

この種の文ではシンプルに疑問詞が強められるだけで、意味としては後ろに示した普通の疑問文とそこまで変わりません。ただし、リスニングで構文を考えて分析などしている時間はありませんから、what is it that…ときた時点で「一体、何が or 何を」と読み替えることができなくてはなりません。このあたりは予測というよりは形を丸ごと覚えてそのまま知識として使えるかがポイントになるところで、次章のテーマと関連してきます。

　なお、本例の分裂文のthat節ではbinds usの後に接続詞を配置せずにdefines usと言っていますが、これはより分かりやすい、あるいは正確と思われる言葉で言い換えた一種の言い直しの例と言えるでしょう。

　続いて、ジットナーの発言に移ります。第1文はつなぎ言葉のWellや、that'sの繰り返し、相手に名前で呼びかけ

る Michael など、リアルタイムのダイアローグならではの特徴が見られますが、英語そのものはシンプルです。

　問題は第2文で、つなぎ言葉の I mean の後に続く構造は、そのまま新聞記事や評論文などで登場しても不思議ではない重層的なものとなっており、これを聞いたり読んだりしてタイムラグなしに理解するには、先読みの力が重要になります。

　まずは、the big finding in this poll is という形から、全体が the big finding in this poll (S) is (V) … (C) という SVC の文型になっているということ、また、C は finding「発見」の内容に当たる部分になるので、that 節に相当するようなものがきそうだということを予想しておくことがポイントです。この予想があれば、if you spin…と続いても、that 節の that が省略されたものだと考えることができるでしょう。

　とすると、ここから新しい節が始まるということになるため、前節で説明した従属副詞節が文頭にある文の読み方を応用し、if you spin…が終わったところで、この箇所の主節に当たる部分が出てくるはずだ、と考えることになります。こういう考えができていれば、you could find が出てきたところで、即座にこれが主節だろうと判断することができるでしょう。

　find の目的語に当たる a set of values and priorities「一連の価値観と優先事項」の箇所では、3.2 の方法論を生かして

　　　「どんな価値観と優先事項だろうか？」

　↓
文脈からおそらく、「アメリカ人を定義づけていたような」という感じだろう

くらいのことが考えられていると、後ろの構造を理解するのが楽になります。

　続く that は後ろの節の deemed O to be C の O に当たるものが関係代名詞として節の冒頭に出たものです。deem は 3.1 でも見た O (to be) C「O を C とみなす」の形が後ろに続く典型的な動詞です。音声的には to be の部分まで正確に聞き取るのは少し難しいかもしれませんが、deem の知識に基づき先読みができていれば、仮に to be を正確に聞き取れなくても、以下のような構造だということは判断できるはずです。

　［構造］

a set of values and priorities

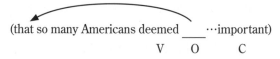

(that so many Americans deemed ＿＿＿…important)
　　　　　　　　　　　　　　V　　O　　　C

　この関係代名詞節の内部の理解がとくにポイントになります。主語の so many Americans「それほど多くのアメリカ人」の so「それほど」に反応し、とっさに「どれほどか?」と考えることができていたでしょうか。その意識があれば、not only…but also ~ を的確に処理して、「重要というだけでなく、とても重要だと考えた」まで解釈したと

ころで、後ろに that 節が出てきてもとくに混乱すること
なく、so「それほど」の具体的説明をするのだな、と即座
に判断できます。

　that 節の中身に目を向けると、「それら（＝一連の価値
観や優先事項）がアメリカ人の性格を定義するのに役立つ
と言えた」とあることから、そう言ってもよいほどに多く
のアメリカ人がそれらの価値観を重視していたということ
か、と so のところで出てきた疑問がしっかりと解消され
る形で文が終わることとなります。

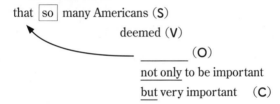

［関係代名詞節の構造］

that so many Americans (S)

deemed (V)

_____ (O)

not only to be important

but very important　　(C)

that you could say…

　第 3 文は英文の構造としてはきわめてシンプルですが、
第 2 章で扱った助動詞の have の弱形の発音が用いられ、
of と全く同じ音になっていることに加え、dissipate が少
し難しい単語であることも重なって、聞き取りとしては意
外に難所です。dissipate の si で用いられる母音もやはり
弱母音の /ə/ なので発音注意の単語です。

　訳例　アンカー：では、アーロン、愛国心じゃない

のなら、宗教や子供を持つことじゃないのなら、今は一体何が私たちを結びつけ、私たちを定義づけるのですか？

ジットナー：それが問題じゃないですかね。マイケル、要するに、このアンケート調査での大きな発見は、25年前にまで遡れば、非常に多くのアメリカ人が単に重要であるだけでなくきわめて重要であると考えていて、アメリカ人の性格を定義づけていると言ってもよいような一連の価値観や優先事項があったということなんです。そして、そういったものが消えてしまったんです。

3.6
まとめ

　本章ではおもに文法知識を生かして文の構造を先読みし、理解の速度を速めて聞き取りに生かす方法を確認してきました。まとめると以下のような形になります。

動詞による構造の予測

　動詞の意味やタイプによってその後の構造が決まる英語の特性を生かし、以下のような典型的な動詞句のパターンと、それを取る代表的な動詞を把握することで理解の速度を上げる。

- V + O to 不定詞
- V + O to be C
- V + O as C
- V + O1 前置詞 O2

名詞による構造の予測

後置修飾が発達している英語の特性を前提に、後ろから複数の説明語句が付いて複雑になりやすい以下のような名詞句のパターンを認識し、後に続く修飾語句の理解の精度を上げる。

- 動詞派生の名詞
- 「of ＋意味上の主語＋動名詞句」をしたがえる名詞

文の先頭に長い主語がきた際の対処法

後置修飾語句を伴う名詞句、準動詞句、名詞節などの長くて重い主語が先頭にきている文は、先頭の形からそれを見極めて、述語動詞を期待する。

文の先頭に従属副詞節がきた際の対処法

文の先頭に従属副詞節がきている場合には、接続詞のタイプからそれを見極めて、どこまで節が続いているかにつねに意識を向け、主節の登場を待つ。

学校文法で重視される構文の知識を活用する

enough to 不定詞、not only A but also B、between A

and B、so…that 構文など、複数の離れた語句がお互いに関連しあって 1 つの表現を成り立たせているものは、前半の語句が出てきた時点で後に続く構造を予測できるヒントとなるため大いに活用する。

　これらの説明を改めて読んで、英文解釈の構文解析の方法論そのものではないかと思った方もいるかもしれません。まさにその通りです。英語を読む場合も聞く場合も相手の発信している英語を正しく読み取るのが目的ですから、正確に読む場合にやらなければならないことは、当然、正確に聞く場合にも必要になってくるのです。

　ただし、聞く場合は言葉が次から次へとリアルタイムで出ては消えていきますから、何度も構造や単語の意味を考えたり、戻って考え直したりするということをせずに、瞬時に構文を解析し正しい解釈をしなければなりません。多くの日本の学習者から見ると、そのスピードが想像以上に速いため、リーディングとリスニングでは全く異なることをやっているかのように感じてしまう、ということです。実際は、両者にある差はスピードの差であって、本質的な違いではないのです。

独習のコツ

　以上のように、英語を前から語順通りに読んで理解していくための英文解釈の方法論はそのままリスニングにも応用できるものなので、まずはそのような読み方を自分の頭に徹底的に叩き込みたいという場合は、英語を直読直解するための思考プロセスを詳しく解説した英文解釈書が有益

な教材となります。

　伝統的なものなら伊藤和夫『英文解釈教室』が、また、新しいものであれば拙著『英文解体新書』がとくにこの目的に適っていると思います。もちろん、リスニングに生かすためには一段と速度を上げる必要があるので、直読直解の方法論が身についたら次に、その方法論を生かしてどんどん多くの英語に触れていくことがポイントです。

　第2章の「まとめ」とも共通しますが、英文を読む際に150 wpm を意識する、英語の動画を見る際にはできるだけ英語字幕にして、字幕についていけるかどうかを確認するといった学習法が、現在の自分の状況や弱点なども発見しやすく有効でしょう。

定型表現は武器だ
―「丸覚え」で次のステージへ―

私たちは言葉を話す際、頻繁に、大きい句や節、あるいは文そのものを、1つの意味を持つカタマリとしてまるごと使用しています。

たとえば、日本語で「…していただければ幸いです」といった言葉を使うことを考えてみると、一回一回パーツを組み合わせて作り出しているわけではなく、他人に丁寧に依頼をする際の言い方として頭の中にストックしているカタマリをそのまま表現しているといった感じでしょう。

もちろん、「…していただければ幸いです」の意味や構造を問われれば、ある程度は分析的に説明することもできるでしょうが、実際の会話や文書のやりとりでは1つのカタマリとして用い、聞き手、受け手もいちいちそれを分析などはせずに、同じくカタマリとして処理しているはずです。

当然、これは英語のコミュニケーションにも当てはまります。日常の英語のやりとりでは多くの定型表現のカタマリが手軽にポンポン使用され、飛び交っているというわけです。であればこそ、それらのカタマリをこちらも丸覚えし、いつでも即座に意味を引き出せる状態にしておけば、英語のコミュニケーションにリアルタイムでついていくた

めの大きな武器となります。

　熟語や重要構文などについて覚えるのは当たり前ではないか、今更、何を言っているのか、と感じられる方もいるかもしれません。実は、ここで言っている定型表現のカタマリというのはいわゆる熟語や構文に限定されたものではありません。もっと大きい文レベルのものも含みます。

　そういった大きいタイプのカタマリの多くはイディオムなどとは違い、パーツに分けて分析的に説明しようとすれば十分にできるものであるため、大学受験対策などでも丸覚えの対象から外されてきたきらいがあります。結果として、学生時代にそれなりにしっかりと英語を勉強した人でも習熟できていないことが多く、リアルタイムで複雑な言葉の処理を要求されるリスニングについていけなくなる要因の1つとなっているのです。

　本章では、一見、文法にしたがって組み立てられたように見える節や文でも実は定型表現として使用されていることが意外に多いという点、また、定型表現をカタマリとして丸覚えしていることで音声上の難所にも対応できることがあるという点の2点を具体例とともに確認していきたいと思います。

4.1
複雑に見える構文も実は定型表現

　上でも触れましたが、大きな定型表現のカタマリはパーツに分けて説明することも不可能ではないため、一見する

と、文法ルールがいくつも重なって複雑になっただけの句や節、文に見えることがあります。じっくりと精読する場合には時間をかけて、その成り立ちを理解することも重要な学習の方法と言えるでしょう。

　しかし、そこから一歩先の段階に進み、速読力を上げ、リスニングへの耐性を高めることを考えた場合、定型表現が出てくるたびに分析していたのでは間に合いません。使用頻度が高いものについてはカタマリとして知識のストックに入れ、その表現に出会った時点ですぐにどういう意味か理解できるようにしておくことが必要です。

　以下では、一見複雑に見える構造をリアルタイムで読み解く際、大きなタイプの定型表現のカタマリの知識が定着することで、スムーズな理解が促されることを実践練習を通じて確認していきます。

**　スピーチ英語を聞く（1）──レディー・ガガの呼びかけ**

　次の英文は2020年のアメリカ大統領選の際に、ペンシルベニア州でレディー・ガガ氏が行ったスピーチの一部です。バイデン氏を選挙に勝たせるために知人や友人と投票に行って下さいという呼びかけをしています。

レディー・ガガの呼びかけ

Bring a friend or two like you have today, bring your neighbor, a member of your family and together, cast a vote for your country and be willing to do whatever it takes to stand up for what you believe in.

英文タイプ：スピーチ
発話時間：18 秒
発話速度：136 wpm

動画 QRコード

語注

- bring：「（投票所）に連れてくる」
- cast a vote：「投票する」
- be willing to 不定詞：「…するのをいとわない」
- stand up for…：「…（権利など）を守る、擁護する」

　聴衆に投票をするように呼びかける内容であり、大きく3つの命令文が並列された形になっています。1つ目の命令文では like you have today の箇所に注意しましょう。like はここでは「…するように」という意味の接続詞として用いられています。like you have (brought your friends)と have の後ろに動詞句を補って「皆さんが今日、友人たちを連れてきているのと同じように」と考えましょう。続いて、2つ目の命令文も内容としては1つ目の文とほぼ同じで your neighbor「近所の人」や a member of your family「家族」を連れてくることを求めています。

　3つ目の命令文は前半と後半の2つに分かれています。前半の方はシンプルに「国のために投票しましょう」と呼びかけていますが、問題は後半です。be willing to の後に、

do whatever it takes to stand up for…と whatever を用いた少し複雑な節構造が続いていることが分かります。この部分を問題なく理解することができたでしょうか。

　分析的に説明すると、この whatever 節は「…することはどんなことでも」を意味する名詞節であり、it は形式主語で、to 不定詞が真の主語、動詞の take は「…を必要とする」という意味の他動詞です。組み合わせると、「…することが必要とするどんなことも」→「…するのに必要となるどんなことも」という意味になります。

　このように分析的に考えることでも意味を把握できる表現ですが、be willing…believe in を話者が発話するのに要している時間がせいぜい6秒程度であることを考えるとそれほど余裕はありません。聞き取ってタイムラグなしに理解しようとするなら、do whatever it takes (to…) をまるごと1つの表現として捉え「(…するためなら) どんなことでもする、何としてでも…する」という意味のカタマリとして理解しておくことがポイントになります。

　実際、この形は頻出の定型表現と言ってよいもので、映画やドラマのセリフのデータベースから実際に使用された英語表現を検索できる YARN というウェブサイトで do whatever it takes というカタマリを検索すると、映画に絞っても以下のような数多くの例が容易に見つかります。

Sir, I'll do whatever it takes.
「私は必要なことは何でもするつもりです」

Godzilla（2014）

Do whatever it takes to keep him alive.

「何としてでも彼を生かしておいて」

The Hunger Games Catching Fire（2013）

　この表現を丸ごと覚えておくことで、スムーズに理解できる場面が多くなることが分かるかと思います。

[訳例] 今日みたいに1人2人、友人を連れてきましょう。あるいは隣人や家族も。それで、みんなで自分の国のために投票して下さい。信じるものを守るために必要ならどんなことでもいとわずにやって下さい。

インタビュー英語を聞く（1）──ピンカーの警鐘

　続いて、1.4で紹介したインタビューを改めて取り上げます。新型コロナが流行し始めた時期のもので、人々が死者や感染者数などの「数」に日々一喜一憂している状況をテーマに Channel 4 News が心理学者のスティーブン・ピンカー氏に対して行ったインタビューの一部です。

[ピンカーの警鐘]

Interviewer: ₁And yet we're obsessed with these statistics and we're glued to these daily numbers of, you know, mortality and the numbers of infections and then of course the, the armory of this so-called war, the numbers of ventilators and ICU beds. ₂What is it about

our human nature that makes us want to count this
crisis?

Pinker: ₁Uh, I think we might have the opposite
problem that we don't count enough. ₂It is, uh, a human
intuition is really driven more by narratives, by images,
by anecdotes, by salient examples and most, uh, public
health officials, uh, wring their hands over the fact that
people are, are not sufficiently attentive to numbers.
₃Only when it happens to, to someone they know do
they take it seriously.

"The psychology behind a pandemic - Acclaimed psychologist Steven
Pinker"
Channel 4 News 01:01~01:46

英文タイプ：インタビュー（ダイアローグ）
発話時間：45 秒
発話速度：166 wpm

動画 QRコード

語注

- be obsessed with…：「…にとりつかれている」
- be glued to…：「…にくぎづけになる」
- armory：「軍備、兵器」
- ventilator：「人工呼吸器」
- ICU：「集中治療室」
- intuition：「直観」
- anecdote：「逸話」

- salient：「際立った」
- public health：「公衆衛生」
- wring one's hands over…：「…について嘆く」
- be attentive to…：「…に注意を払っている」
- take…seriously：「…を真剣に考える、深刻に捉える」

　インタビュアーの発言から見ていきましょう。第1文は、we're obsessed…と we're glued…という2つの節が and で並列されている形です。後半の glued to の後に続く箇所では、いろいろと名詞句が出てきていますが、the numbers という言葉を手がかりにして、以下の3つが並べられているということを理解すれば大枠としては大丈夫です。

　　the numbers of mortality
　　the numbers of infections
　　the numbers of ventilators and ICU beds

　armory of this so-called war「このいわゆる戦争の武器」というのは少し分かりにくいかもしれませんが、ventilators「人工呼吸器」と ICU beds「集中治療室のベッド」を説明した語句になっています。

　次の第2文をタイムラグなしに理解できるかがポイントです。分析的に説明すると、この文は疑問詞 what を焦点部に置く分裂文（強調構文）の一種です。What を焦点に置く分裂文は通常であれば、What is it that…?「一体何が…なのか」となるところですが、この文ではさらにその what の範囲を限定する要素として about our human nature

という前置詞句が追加されており、What is it about our human nature that…「一体、人間の本性の何が…なのか」という形になっています。疑問詞を焦点部に置く分裂文の知識があり、その成り立ちを理解していれば、この構造を考えて読み解くことは可能です。しかし、この文は 4 秒程度で発話されており、聞き取ってリアルタイムで把握するとなるとその時間的余裕はありません。

　先ほどの例に比べるとやや硬い文語的な言い回しではあるものの、この What is it about ～ that…? という形もよくカタマリで使用される定型表現の一種です。直訳は上の通り「～（について）の一体何が…なのか」ということですが、趣旨としては「なぜ～は…なのか」を少し遠回しにした言い方であり、that に続く…の部分には make OC、make O 原形動詞の形や S find C の形がくるケースがよく見られます。YARN の映画のデータベースで調べると、やはりそれなりの数がヒットします。

What is it about being a man that makes everything so hard?
「人間だと何がそんなに全部が大変なの」
The Bad News Bears（2005）

So what is it about me that you find so interesting?
「一体、私のどこがそんなに面白いんですか」
Madagascar: Escape 2 Africa（2008）

この表現がまるごと知識として頭に入っていれば、上の

123

インタビューの例でも、What is it about our…くらいまで読んだ（聞いた）ところでこの表現のことが頭に浮かび、後ろに that makes…, that you find…のような形が続いて全体としては何かしらの理由を聞く文になるのではないか、と先読みをすることができ、タイムラグなしで理解することができるはずです。

　この英文の場合は、that makes us want to count this crisis と続いていますので、文の意味としては「私たちの人間の本性の一体何が私たちにこの危機を数えたいと思わせるのか」となります。もちろん、ここでの count「数える」というのは「数値化する、数値で表す」というくらいの意味で使用していると思われます。

　その質問に対するピンカー氏の答えも確認しておきましょう。第1文はシンプルに「私の考えでは、十分に数えて（数値化して）いないという逆の問題があるかもしれない」とインタビュアーの前提を疑う返しをしています。

　第2文の前半は It is で文を始めた後に、途中で方針転換し、human intuition を主語とする文で言い直している形ですね。is really driven more by…「もっと…によって動かされている」の部分はその human intuition を動かす要素を説明するための述語で、more の後ろには than numbers「数よりも」を補って考えましょう。後半は語句が分かればシンプルですが、uh というつなぎ言葉に惑わされないようにしましょう。

　最後の第3文は、どちらかというと第3章のテーマだった文法知識に基づく先読みがポイントになります。only を伴う副詞語句は否定語句と同じ扱いとなり、文頭に出た

場合その文の語順が疑問文と同じ形になるというルールがあるため、Only when…ときた時点で後ろに、助動詞＋S＋V、あるいは、be 動詞＋S の語順を予想することができます。この予想のおかげで、do they take…という特殊な語順に戸惑うこともありません。

［構造］

(Only when…know)
do（**助動詞**）
they（**S**）
take（**V**）

この do they take の部分は、do も they も素早く発音されているため、大学の教室などで聞いてもらった際に聞き取りに苦戦する人が多く出る箇所ですが、Only when…からの助動詞＋S＋V の語順が予想できていると聞き取りのハードルが相当下がると思います。

［訳例］ インタビュアー：しかし、私たちはこういった統計にとりつかれ、毎日の死者数や感染者数、そして、言うまでもなく、このいわゆる戦争の武器である人工呼吸器や集中治療室のベッドの数にくぎづけになっています。人間の本性の一体何が、私たちにこの危機的状況を数値で表したいと思わせているのでしょうか？
ピンカー：私の考えでは、十分に数値化していないという逆の問題のほうがあると思います。人間の直観の

原動力となるのは数字よりも物語だったり、画像だったり、逸話だったり、際立った具体例のほうです。ですので、ほとんどの公衆衛生担当者は人々が数字に十分に注意を払っていないということを嘆いています。自分が知っている人に起こるまでは、誰も深刻に捉えないのです。

4.2
定型表現で音の難所をクリア

4.1 の最後の練習問題では、文法の知識をヒントに聞き取りの正確性を高める例が出てきました。実は、このように知識によって聞き取りのミスによる誤解を減らすことを考えると、定型表現の知識はとくに有効だと言うことができます。

決まった形で用いられるカタマリが大きければ大きいほど、知識で補える分は大きく、その分、とくに難しいところに意識を集中する余裕が生まれます。また、定型表現の知識があるということは、発話によって変化する可能性があるスロットがどの部分かも知っているということなので、特定の定型表現が用いられていることを見抜いた時点で、どこに集中して聞けば正確に理解できるかが分かるということでもあります。

以下では、インタビュー動画とスピーチの動画を例に、定型表現の知識を音声的に難しい箇所の聞き取りに生かし

ていく方法を確認します。

インタビュー英語を聞く（2）——熊と戦った少女

　次の英文は自分の飼っている子犬を守るため、とっさに熊に立ち向かい素手で追い払った17歳の少女へのCNNのレポーターのインタビューの一部です。どうしてそこまでしようと思ったのですか、という質問に少女が答えています。

[熊と戦った少女]

₁Well, uh, I was, as I was saying, uh, this dog Valentina, uh, she was in danger really. ₂And, uh, she (is) so important to the family. ₃She is my mother's emotional support animal. ₄And I couldn't bear to let anything happen to her because I know, like, the pain would have been way too much for, like, my mom to handle, and really like, I think that I did this for her.

"Watch teen fight off bear to save her dog"
CNN 1:50~02:17

英文タイプ：インタビュー（モノローグ）
発話時間：27秒
発話速度：160 wpm

動画 QRコード

- emotional support：「心の支え」
- way too much：「あまりにも大きすぎる」
- handle：「うまく処理する、取り扱う」

　17歳の若者の言葉ということで難解な単語や言い回しはほとんどなく、つなぎ言葉の like の多用など、より日常の話し言葉でのやりとりに近いものです。

　第1文は uh のようなためらいを表す音を除くと、as I was saying, this dog Valentina, she was in danger really. という文の形です。this dog Valentina という名詞句でトピックを明示した後で、それを she という代名詞で受け直して文を続けていくパターンです。第2文と第3文はその犬が彼女の家族やとくに母親にとってどういう存在かをシンプルな SVC の文で説明しています。

　ポイントとなるのは第4文で、ここでは、couldn't bear to 不定詞「…することなど耐えられない」と not let anything happen to…「…に何も起こらないようにする、…を守り通す」という2つの定型表現が連続して使用されドッキングしたような形になっています。2つの定型表現を結ぶ bear to と let の間に少しポーズがあることを除けば、スラスラとナチュラルスピードで発音しているため、学習者にとってはなかなか一度で聞き取ることが難しい箇所です。

　しかし、この2つの表現を丸ごと使うことを意識してカタマリで覚えている人にとっては、仮に bear to や anything happen to の部分しかしっかりとは聞き取れなく

とも、couldn't や let の部分をある程度までは知識から補うことが可能です。

　音声面で言うと、第 4 文の後半の because 以下も注意が必要です。第 2 章で聞き取りの難所となりやすい点として言及した「助動詞の過去形＋ have ＋動詞の過去分詞形」のパターンで、would have been の have が弱形の of のような発音となることで、苦戦する人が多くいます。

　なお、文法的にはこの would have been は仮定法過去完了の形であり、言葉では明示されていませんが、文脈から「もし犬に何かよからぬことが起こっていたら」という仮定を前提にして発せられたものと判断することができます。この部分を直訳すると、「その苦しみは私の母がうまく対処するにはあまりに大きすぎるものになっていたでしょう」といった感じになると思いますが、場面や発言者を考慮して訳例では少し工夫してあります。文末の I did this for her の her は「もし犬に何かあったらお母さんが大変なことになる」という文脈全体の流れから、犬のバレンティーナでなく母親の方を指していると考えるのが自然ですね。

　　訳例　そうですね。さっきも言いましたが、このバレンティーナは本当に危なかったんです。家族にとって、とても大切な存在で、母にとっては心の支えになっている動物です。だから、私はもしこの子に何かあったら耐えられないと思いました。だって、そんなことになったら母は心を痛めて正常ではいられなくなるから。だから、今回のことは母のためを思ってやった

ことだと思います。

スピーチ英語を聞く（2）——ピンカーの文章作法

　次は、4.1 でも登場した心理学者スティーブン・ピンカー氏の文章作法についての講演からです。文章をうまく書くためにはお手本となるモデルを探し、その仕組みを考察することが重要だということを指摘した上で、自分が気に入っているモデルの文章を紹介しようとしている箇所です。

ピンカーの文章作法

₁And as an example, I will give you, uh, my favorite prose passage, uh, an essay called "The Owl," by a, uh, ten-year-old boy who's given the assignment of, of writing about a bird and a beast. ₂Uh, and what it lacks in zoological accuracy it makes up for in clarity of expression.

"Communicating Science and Technology in the 21st Century"
MIT Department of Nuclear Science and Engineering 57:14~57:34

英文タイプ：レクチャー（モノローグ）
発話時間：20 秒
発話速度：159 wpm

動画 QRコード

語注

- owl:「フクロウ」
- zoological:「動物学の」

　第1文は骨格としては、I (S) will give (V) you (O) my favorite prose passage (O) というシンプルな構造ですが、my favorite passage の後にその具体的内容を説明する名詞句が続き、さらにその後にそれを書いた人物や経緯が「名詞句＋関係代名詞節」の形で説明されているため、やや文の末尾が重たくなっています。

［構造］

my favorite prose passage → an essay called "The Owl"

言い換え → by a ten-year-old boy who's…

　定型表現の観点からはとくに第2文が重要になります。下線部分を前提となる表現の知識などを全くなしに正確に聞き取って理解しようとすると、なかなか難物です。とくに厄介なのは、2つ目の it と makes up for の間に少しポーズがあるため、そこが構造や意味の切れ目なのではないか、と誤解してしまうというパターンです。直前に前置詞の in が出てきているため、それに引っ張られて it を in と聞き間違うこともありえないとは言えません。

　しかし、用いられている定型表現の知識がしっかりと身についている人であればそういうエラーに陥る可能性は低くなります。ここで使用されているのは、What S lacks in…, S makes up (compensate) for in 〜「Sは…において欠いている部分を、〜で補っている」という形の表現で、やはり映画などにも多くの例が見られます。

What this old girl lacks in horsepower, she makes up for in agility.
「このお古は馬力は足りないけど、その分、小回りがきく」

Fast X（2023）

　文法的に説明すると、what S lacks in…は本来 makes up for の目的語で、それが前置されて文頭に出た形です。元の語順のまま使用されることもありますが、前置のパターンも頻出の定型表現ですので、成り立ちを理解して満足するのではなく、What S lacks in…, S makes up for in 〜というカタマリでタイムラグなしに「Sは…はダメだけど、〜でカバーしている」くらいの意味を取れるようにしておくことが重要です。

　その用意ができている人であれば、what it lacks in…まで聞いた時点で、その後に it makes up for in 〜のような形が出てくる可能性が高いと予想できるため、it を in と聞き違えることはまずないでしょうし、it と makes up for の間に多少の間があったとしても、そこを切り離して考えることもないというわけです。

　なお、下線部以外では、不定冠詞の a が全て強形で発音されているのも音声的に注意したいところです。

> **訳例**　例として私のお気に入りの散文の文章を紹介
> しましょう。「フクロウ」というタイトルのエッセイ
> で、鳥や獣について作文をするという課題を出された
> 10歳の少年が書いたものです。動物学的には不正確
> なところもありますが、それを表現の明快さで補って
> います。

4.3
まとめ

　本章では話し言葉を即座に理解したり、音声的に難しい
ところを正確に聞き取ったりする際に、定型表現をマスタ
ーしていることがいかに重要かということを実例を通して
紹介してきました。

　いわゆるイディオムや熟語だけでなく、**分析して理解で
きそうな長くて複雑なカタマリの中にも定型表現と考えて
よいもの**がかなり含まれていること、また、その知識があ
ることによって、**相手の発言のスピードに圧倒されてつい
ていけなくなったり、実際の音と別の音を聞き違えたりす
ることを減らせる**ということが確認できたかと思います。

独習のコツ
　定型表現の知識の重要性は理解できたものの、参考書が
豊富にあるわけではないので、そもそもどうやって使用頻
度の高い定型表現を知ればよいのかと感じた読者の方もい

るかもしれません。もちろん、理想は耳や目で大量の英語に触れて、その中で頻繁に出会う大きなカタマリを自分なりにリストアップしていくことです。そのための１つのきっかけとなるように、本書では巻末に使用頻度の高い定型表現のリストを用意しましたので参考にしてみて下さい。

とはいっても、定型表現など無数にあるのではないか、それを新しいものに出会うたびにリストアップするなんて途方もない作業なのでは、というのが正直なところでしょう。少しでも負担を減らせるように、１つ、簡単にできる工夫をここに挙げておきます。

語法について詳しく掲載されている辞書を頻繁に引き、単にその日本語訳を確認するだけでなく、使用法や例文もじっくりと読むようにするということです。

たとえば、上で見た couldn't bear to 不定詞という言い回しですが、『ジーニアス英和辞典（第６版）』で動詞 bear の該当箇所を引くと、「しばしば can と共に；しばしば否定的文脈・疑問文で」という説明がついています。言い換えると、この動詞が用いられるのは、can't bear…「…は耐えられない」や Can S bear…?「…に耐えられるか」の形が多いということが分かり、そのカタマリで頭に入れておいたほうが有益だということをこの記述から学べるわけです。

また、例文として She couldn't bear to be treated badly.「彼女はひどい扱いを受けるのに耐えられなかった」というものが掲載されています。上のインタビューで見た couldn't bear to 不定詞と全く同じ形が辞書の例文に採用されていることから、この表現が bear という動詞を使う際

のかなり頻度の高いカタマリであるということも理解できます。

　とりあえず、bear が「耐える」という意味であることがわかれば文の意味も理解できるので、そんなことをいちいち調べるのは面倒だと感じるかもしれませんが、そこでひと手間かけるかどうかでその場しのぎの知識に終わるのか、その後も自身の英語力に大きく貢献する知識になっていくかが分かれると言っても過言ではありません。

第5章

結論が見える
―文脈から推理する―

ここまで、文法の規則や定型表現の知識に基づく先読みを利用して英語を理解するスピードや精度を高め、リスニングに生かす方法を確認してきました。これらは文レベルで存在する文法構造や表現形式から、次に出てくる表現の可能性を絞り込んで備えるというものでした。しかし、文レベルにとどまらない、文章構成法に基づくよりスケールの大きい先読みという技法も存在します。

　文章構成法と聞くと、とりわけ書き言葉の範疇で、リスニングの対象となる話し言葉とは無関係のテーマだという印象を持つ方もいるかもしれません。しかし、ここでもリーディングとリスニングは、地続きになっています。

　とくにスピーチやレクチャー、あるいは何か特定のテーマについて説明することを意図した動画や音声など、書き言葉との距離が近いものが対象になる場合には、文章構成法の基礎を理解していることが、全体像をつかむのに大きなヒントとなる場合が少なくありません。

　本章では、まず英文の文章構成法の基本を確認した上で、それを一定の長さを持つ話し言葉の理解にどのように生かすことができるかを具体例とともに確認していきます。

文章構成法の基本

文章構成法の4パターン

英語の文章で典型的に見られる構成のパターンとして、2023年に出した拙著『英文読解を極める』（NHK出版）では以下の4種類を紹介しました。

1 .step（段階）

事柄を段階に分けて順番に表現していく方法であり、説明書の記述が典型的な例ですが情景の描写など物語文の中でも頻繁に用いられます。

2 .chain（鎖）

段階ごとに記述していく点ではstepに似ていますが、途中で横道に逸れたり、逆戻りしたりと一方向に計画的に進んでいく形ではありません。したがって、物語の登場人物の内省や探求などを描くのに向いています。

3 .stack（階層）

説明文や評論文などの典型的なパターンです。中心となるテーマを明確にした上で、項目ごとにそれを補強する内容を説明していき、結論部で再びテーマに戻ってくることもあります。

4 .balance（バランス）

stackの応用形とも言え、扱うテーマを明確にした上

　で、賛成意見と反対意見やメリットとデメリットなどが交互に展開される形です。

　以下にそれぞれのパターンのイメージを図式化したものを掲載しておきます。

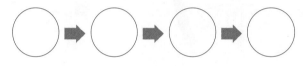

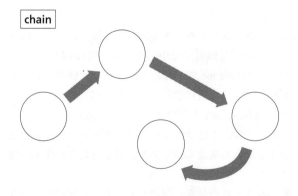

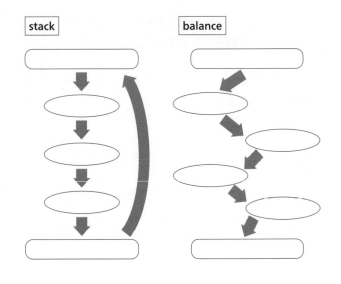

stack		balance

　この 4 パターンのうち、先読みという観点からとくに重要となるのは、冒頭近くで中心テーマを明確にする stack とその応用の balance です（なお、これらは冒頭で全体像の縮図を示し、その後に個々の要点を説明していく手法であるので Whole Part 法と呼ばれることもあります）。この 2 つは作文においてだけでなく、プレゼンテーションなどの方法としても有名なものであり、話し言葉でも頻出の構造です。

　一定の長さを持つ講義や演説などを聞いて理解する場合には、文レベルではほとんど問題なく聞き取れる母語であっても集中しないと流れを見失いがちです。ましてや、外国語となるととくに木を見て森を見ずの状態に陥りやすい

と言えるでしょう。

　幸いにも話し手が stack や balance の構成法をとってく
れている場合には、冒頭で示される中心テーマと全体像を
しっかりと見極めることで、後の説明もそれに関連させて
ある程度予測しながら聞くことができるので、理解の負担
を減らすことができるのです。

　それでは早速、具体例を用いて、文章構成法の知識を先
読みに生かす方法を確認していきましょう。

5.2
文章構成法による先読み

　本節では5.1で見た文章構成法の内容に基づく先読みを、
少し長めの話し言葉を理解するのにどのように生かせるか
について練習問題を通じて確認していきます。

　扱う題材は2つで、1つ目は BBC の英語学習者向けの
チャンネル、BBC Learning English が 提 供 し て い る 6
Minute English という音声番組、もう1つはハリウッド女
優のガル・ガドット氏に対するインタビュー動画から採用
したものです。

6分会話に挑戦——楽観主義者と悲観主義者

BBC Learning English の 6 Minute English は、日常や社
会生活で重要となりそうな様々な事柄について、2人の人
物の会話形式を通じて紹介している音声番組です。実際の
ニュースなどから部分的に引用し、少し難し目の単語やス

ラングの意味などの解説もしてくれるため英語学習者にとっては非常に有益です。

　ここで引用するのは「楽観主義者と悲観主義者」について扱ったエピソードです。メインで話すのはニールとサムという男女のペアで、彼らがカジュアルに会話を行いながら、徐々にテーマを掘り下げていく形になっています。なお、本節で題材とする英文は少し長いので、語句と表現・構文の解説をまとめて行った後に、文章構成法上のポイントの解説に進みます。

楽観主義者と悲観主義者

Neil (1) : Hello, this is 6 Minute English from BBC learning English. I'm Neil.

Sam (1) : And I'm Sam.

Neil (2) : We often hear phrases, such as 'dream big' or 'reach for the stars,' which reflect an optimistic view of life. Are you an optimist, Sam?

Sam (2) : I hope so! I try to see the positive side of life, even when something bad happens.

Neil (3) : It sounds like you're a glass-half-full person – someone who always thinks that good things will happen.

Sam (3) : How about you, Neil? Are you optimistic?

Neil (4) : Look, things go wrong all the time - that's a fact of life. Call me a pessimist if you like but I'm just being realistic.

Sam (4) : Hmm, it sounds like Neil is more of a glass-half-empty person, but the truth is that the age-old debate between optimism and pessimism is more complex than we think.

Neil (5) : Yes, whether you're a sunny optimist or a gloomy pessimist may be determined more by your birthplace and your age than your attitude, as we'll be finding out in this program.

Sam (5) : Great. I've got a good feeling about this, Neil!

Neil (6) : But first, as usual, I have a question for you, Sam. Psychologists define optimism as an attitude which overestimates the chances of good things happening to you, while underestimating the chances of bad things occurring. So, what proportion of the British population, do you think, describe themselves as optimistic? Is it: a) 20 percent? b) 50 percent? or, c) 80 percent?

Sam (6) : I'll choose the largest – 80 percent.

Neil (7) : OK, Sam. We'll find out if your optimistic answer is the correct one later in the program. Someone who probably wouldn't agree with you, though, is BBC World Service listener, Hannah. Hannah grew up in Germany before moving to the United States. She thinks Americans tend to be more optimistic than people back home in Germany, as she told BBC World Service program, CrowdScience:

Hannah : Well, I think the stereotypical perceptions of

Germans is that we're quite pessimistic and that kind of tends to come across as being a bit of a Debbie Downer, when in actuality, Germans just tend to be avid planners for all eventual negative eventualities as well··· so that's kind of us being pessimistic but actually being cautious, as opposed to for example, what I've noticed in America, that a lot of people tend to be hyper-optimistic. I've always admired how Americans tend to be able to sugarcoat everything.

Sam (7) : As a stereotypical pessimist, Hannah sometimes feels like a "Debbie Downer." This expression is American slang for someone who makes others feel bad by focusing on the depressing aspects of things.

Neil (8) : Americans, on the other hand, are typically seen as optimists who tend to "sugarcoat" things – make things seem better than they really are.

Sam (8) : According to Hannah, many Americans are hyper-optimistic. She uses the prefix "hyper-" to say that there is too much of a certain quality. Hyper-sensitive people are too sensitive; a hyper-optimist is too optimistic.

Neil (9) : Besides your country of birth, age is another consideration in the optimism debate. When we're young we have our whole life ahead of us, and it's easier to optimistically believe that everything's going to be alright.

Sam (9) : The belief that everything's going to be fine is called 'the optimism bias.' It isn't fixed but changes as we age - something neuroscientist, Professor Tali Sharot, explained to BBC World Service program, CrowdScience:

Tali Sharot : So it's quite high in kids and teenagers – they think, 'Oh, everything's going to be fine,' you know, and then it goes down, down, down and it hits rock bottom in your midlife, at which point the optimism bias is relatively small, and then it starts climbing up again and it's quite high in the elderly population, and that goes absolutely against our view of the grumpy old man, or woman.

Neil (10) : After starting out high in children, the optimism bias hits "rock bottom" – the lowest possible level – in middle age, often because of work pressures, family responsibilities or caring for elderly parents.

Sam (10) : But optimism seems to increase again as we get older. This is surprising as it goes against the image we have of the "grumpy old man" – a phrase to describe someone who complains a lot, is moody and gets easily annoyed. Optimistic women, meanwhile, can look forward to longer, healthier lives.

Neil (11) : Good news for you then, Sam. But I'm sticking with my pessimism. If I anticipate things going wrong, then I don't get disappointed when they do.

Sam (11) : That's actually a fairly positive way of looking

at things, Neil, but I'm not sure if most people would agree with you, or maybe they would. It depends on the answer to your question.

Neil (12) : Right, I asked Sam what proportion of British people describe themselves as optimistic.

Sam (12) : And, optimistically, I said it was c) 80 percent.

Neil (13) : Which was···the correct answer!

Sam (13) : Of course, it was. Whether you expect good or bad things to happen to you, you're probably right. So why not focus on the sunny side of life, Neil? That way, you've got nothing to lose.

Neil (14) : OK, let's recap the vocabulary from this program, Sam. You're certainly a glass-half-full person, someone with an optimistic attitude to life.

Sam (14) : And you're something of a "Debbie Downer," American slang for someone who brings everyone down by talking about the negative side of things.

Neil (15) : If you "sugarcoat" something, you make it appear more positive than it really is.

Sam (15) : The prefix "hyper-" is used before an adjective to show having too much of that quality. For example, hyper-critical means being too critical.

Neil (16) : If something hits "rock bottom," it reaches its lowest possible level.

Sam (16) : And finally, the phrase "grumpy old man" can be used to describe someone who always complains, is intolerant and gets annoyed easily, a bit like Neil.

Neil (17) : Huh, thank you very much. Unfortunately, our six minutes are up, but join us again soon for more trending topics and useful vocabulary here at 6 Minute English. Goodbye for now.

Sam (17) : Bye.

"Optimists vs Pessimists - 6 Minute English"
BBC Learning English 00:08~06:08

英文タイプ：学習用音声（ダイアローグ）
発話時間：360 秒
発話速度：162 wpm

音声 QRコード

【語注】

- dream big：「大きな夢を持つ」
- reach for the stars：「望みを高く持つ」
- glass-half-full：「コップに水が半分あると言うタイプの→楽観主義の」
- glass-half-empty：「コップに水が半分しかないと言うタイプの→悲観主義の」
- perception：「見方、認識」
- come across…：「…のような印象を与える」
- Debbie Downer：「（ネガティブなことをばかりを言って空気を悪くする）悲観主義者」
- avid：「熱心な」
- eventuality：「結果、帰結」
- as opposed to…：「…とは反対に、…とは違って」
- sugarcoat：「うわべをよく見せる、うわべを飾る」

- prefix：「接頭辞」
- neuroscientist：「神経科学者」
- rock bottom：「最底辺」
- grumpy old man：「頑固おやじ」
- stick with…：「…を貫く」
- recap：「まとめる、要約する（recapitulate の略語）」
- bring down：「落ち込ませる、気を滅入らせる」
- be up：「終わる、尽きる」

[表現・構文]

Neil (4)

　I'm just being realistic のように、be 動詞＋形容詞の文が進行形になる場合、「一時的に…な振る舞いをしている」というニュアンスになります。つまり、ニールは、現実主義的に振る舞ってこういう答えを言っているんだ、と説明しているわけです。

Neil (5)

　whether you're a sunny optimist or a gloomy pessimist may be determined more by your birthplace and your age than your attitude…の箇所は3.3で扱った大きい主語名詞句の理解が問われるところ。Yes, whether…ときた時点で、副詞節＋S＋Vか名詞節＋Vの可能性のいずれかだと考え、pessimist の後の may be で whether pessimist（名詞節＝S）may be（V）という構造だと確定します。

Neil (6)

　Psychologists define optimism as an attitude which…の
箇所は少し書き言葉風の文体になっています。
Psychologists（S）define（V）optimism（O）as an
attitude…（C）「心理学者は楽観主義を…な姿勢として
定義する」というのが基本の構造。

　続くwhich節では、overestimatesの目的語のthe chances
of good things happeningと、underestimatingの目的語
のthe chances of bad things occurringの両方ともが、
chancesという名詞の後に「of＋意味上の主語＋動名詞
句」を続ける形を取っていることに注意しましょう。
3.2で確認した名詞句の後に続く構造の理解が問われる
ところです。

［構造］

the chances
(of good things〔意味上の主語〕＋ happening to you〔動
名詞句〕)
「良いことが自分に起きる可能性」

the chances
(of bad things〔意味上の主語〕＋ occurring〔動名詞句〕)
「悪いことが起きる可能性」

　音声的には、of good thingsのofがchancesとつなが
りかなり弱くなっていることに加え、occurの発音がや
や難しいですが、上の構造を読み取り、overestimates…

と underestimating…の部分が楽観主義的な人の特性を表しているということが分かっていれば、of good things happening と of bad things occurring の部分は good と bad の部分以外は基本的に同じ内容になっているはずだと判断できるので、補って聞き取ることも可能です。

Hannah

　ここはハンナがインタビューに答えた実際のニュース音声の引用なので、ニールとサムの会話より話すスピードも速く、使用されている語句も難しい傾向があります。

　第1文の that kind of tends to come across as being a bit of a Debbie Downer, は、that が直前の quite pessimistic を受け、kind of は「少し、ちょっと」などを意味する副詞になっていて、「それがちょっとデビーダウナー（ネガティブなことばかりを言う悲観主義者）のような印象を与える傾向がある」という意味になります。

　後半の when in actuality, Germans just tend to be avid planners for all eventual negative eventualities as well の when は「…のに」を意味する譲歩の用法で、「実際は、ドイツ人は単に起こりうる全てのよくない結果に対しても熱心に備える傾向があるだけなのに」という意味です。文の後半に置かれた when 節で in actuality や in fact といった「実際は」を意味するフレーズが使用されている場合は、譲歩「…のに」の意味となることが多いと言えます。

　さらにその後に続く that も pessimistic を受けていて、

それが本当のところはどういうことなのかを us（意味上の主語）+ being pessimistic but actually being cautious（動名詞）の形で説明しています。

as opposed to 以 下 の 部 分 は、what I've noticed in America「私がアメリカで気づいたこと」の具体的な内容を that 節以下が同格的に説明している形です。直訳すると、「私がアメリカで気づいたこと、つまり、アメリカ人がみんなとっても楽観的だということ」となります。最終文の how はどちらかというと that に近い用法で「…こと」と解釈すると分かりやすいと思います。

Sam (10)

第 2 文の This is surprising as it goes against the image we have of the grumpy old man では、the image…のところで 3.2 で確認した名詞句の先読みが試されます。

まずは、This が直前の「中年から高齢になっていくにしたがい、再び楽観的な見方が強くなってくる」ということを指している点をしっかりと把握しましょう。この文ではそれが surprising「驚くべきことだ」と言い、as 以下でその理由を説明しています。

the image 以降では、この名詞句に対して「どんな？何のイメージか？」と考えるのがポイントで、そうすると直後の we have「私たちが持っている」はイメージの所有者を説明しているだけなので、さらにその後にイメージの内容を説明する語句が出てくるはずだ、という予測が成り立ちます。これにより、後ろにある of the grumpy old man が image につながることをスムーズに

理解することができるわけです。複数の後置修飾語句を伴う名詞句を音声で聞いて、一発で理解するためには以上のような予測の仕方がポイントになります。

Neil (13)

　冒頭の Which は直前のサムの発言の "c) 80percent" を受ける関係代名詞です。サムの発言の一部をニールが受けてそれに情報を付け足した形で、第1章で見た共同構文の一種と言えるでしょう。

次の階層に行くサイン

　さて、表現と構文の説明がすこし長くなりましたが、本章の本題に入っていきたいと思います。2人によるやりとりは、途中でクイズを挟むなど少し話が行ったり来たりしているような印象を受けるかもしれませんが、とりわけ中心テーマとなっている楽観主義、悲観主義を生み出す要因の説明について stack に近い構造を採用しています。

　Neil (9) の発言に、Besides your country of birth, age is another consideration in the optimism debate.「生まれた国だけではなく、年齢もまた楽観主義の議論において1つの要因となる」というものがあります。直前まで話していた「生まれた国」から、「年齢」という要因にトピックを移行させるための重要な一文です。改めて確認すると、この文の前では国別の国民性の話がなされているのに対し、後では年齢によってどう人々の見方が変化するかについて具体的に説明していく形が明らかです。

　しかし、実はこのようなトピックの移行は Neil (9) の発

言で初めて示唆されたものではありません。年齢の話が出てくることは 2 人のやりとりの中のもっと早い段階で予言されています。皆さんは音声を聞いたり、あるいはスクリプトを読んだりする中でそのことに気づかれたでしょうか。

　全く気づかなかったという人はもう 1 度、このやりとりを音声でしっかりと聞くか、スクリプトをじっくりと読んでみて下さい。そうすると、Sam (4) 〜 Neil (5) のやりとりに次のような発言があることに気づくはずです。

Sam (4) : ⋯the truth is that the age-old debate between optimism and pessimism is more complex than we think.
「実際は、楽観主義対悲観主義の昔からある議論は思っているよりも複雑よ」

Neil (5) : Yes, whether you're a sunny optimist or a gloomy pessimist may be determined more by your birthplace and your age than your attitude, as we'll be finding out in this program.
「ああ、明るい楽観主義者かあるいは暗い悲観主義者かというのは、これから番組で見ていくと分かるけど、自分の心の持ち様よりも生まれた場所や年齢によって決まっているかもしれないんだ」

　この部分に目を向ければ、ニールは楽観主義、悲観主義を決める要因として生まれた場所と年齢という候補をはっきりと挙げており、後から国や年齢の話が出てくるということがこの時点で予測できます。この予測は続きを聞いて

理解していく際に非常に大きな助けとなるはずです。

　しかし、後から説明されれば分かるものの、初めて聞いた時にそんなことに気づけるはずがない、と感じる人もいるかもしれません。そこで、ここではどうすれば Neil (5) の発言がポイントであることに気づけるかという点に触れておきましょう。

　2人のやりとりは、それぞれの性格をネタにして楽観主義や悲観主義についてカジュアルに話し合う導入部から始まっていますが、それが Sam (4) の but the truth is that the age-old debate between optimism and pessimism is more complex than we think「しかし、実際は楽観主義対悲観主義の昔からある議論は思っているよりも複雑よ」の箇所から一気により深い方向へと舵を切る形になっています。

　一般論的な説明の後に、but the truth is…のような表現が出てきたら、その話し手がとくに伝えたい内容が出てくるサインです。ニールがそれに Yes と答えて、「生まれた場所」と「年齢」という意外な要因を挙げることで、サムの「複雑」という発言を具体的に説明する形になっています。

　しかも、as we'll be finding out in this program「そのことは本番組で明らかになっていく」と最後に追加しているため、単純に性格の問題とされている楽観主義、悲観主義の問題について、生まれた場所と年齢という意外な要因が関係していることを説明していく構成なのだな、と予測できるのです。

　一番の理想は、Neil (5) の発言の時点でその後の流れを先読みすることです。もし、それが難しくても、Neil (9)

の発言まで行ったところで、場所と年齢という2つの要因が展開されているという構図に気づくことができれば、そこまでに聞いていた内容も含めて、改めてその全体像に照らして考えることができるので、理解が深まるでしょう。

[2人のやりとりの構成]

Neil (5) : Yes, whether you're a sunny optimist or a gloomy pessimist may be determined more by your birthplace and your age than your attitude, as we'll be finding out in this program.

Sam (5) ・ Neil (6) ・ Sam (6) →クイズのやりとり

Neil (7) ・ Hannah ・ Sam (7) ・ Neil (8) ・ Sam (8)

Neil (9) ・ Sam (9) ・ Tali Sharot ・ Neil (10) ・ Sam (10)

Neil (11) ～クイズの確認

訳例　ニール (1)：こんにちは、BBC ラーニング・イングリッシュの 6 Minute English です。僕はニール。
サム (1)：サムよ。
ニール (2)：よく「大きな夢を」とか「望みは高く」といったような、楽観的な人生観を表すフレーズを耳にするよね。サム、君は楽観主義者？
サム (2)：そう思いたい！　悪いことが起こっても、人

生のポジティブな面を見るようにしてるの。

ニール (3)：君は「コップに水が半分ある」のタイプ、つまり、いつもよいことが起こるだろうと思っているタイプの人だね。

サム (3)：あなたはどう、ニール？楽観的？

ニール (4)：まあ、物事は常にうまくいかないものだよ。悲観主義者と思ってもらってもいいけど、現実的なことを言っているだけ。

サム (4)：うーん、ニールはどちらかというと「コップに水が半分しかない」の人みたいだけど、実は楽観主義対悲観主義の昔からある議論は、私たちが思っている以上に複雑なのよね。

ニール (5)：そうだね。晴れやかな楽観主義者なのか、暗い悲観主義者なのかは、この番組でこれから明らかになっていくように、心の持ち様というよりも、生まれた場所や年齢によって決まっているかもしれないんだ。

サム (5)：いいね。面白そうな予感、ニール！

ニール (6)：その前に、いつものように問題からだよ。心理学者は楽観主義を、自分に良いことが起こる可能性を過大評価する一方で、悪いことが起こる可能性を過小評価する態度と定義している。じゃあ、イギリス人の何パーセントが自分を楽観的だと言っていると思う？a) 20 パーセント b) 50 パーセント c) 80 パーセント。

サム (6)：一番多い 80 パーセントで。

ニール (7)：OK、サム。君の楽観的な答えが正しいか

どうかは番組の後半で分かるよ。BBC ワールドサービスのリスナーであるハンナは、おそらく君の意見に同意しなそうだ。ハンナはドイツで育ち、その後アメリカに移り住んだ。アメリカ人はドイツ本国の人々よりも楽観的な傾向があると BBC ワールドサービスの番組『CrowdScience』で話してる。

ハンナ：まあ、ドイツ人に対するステレオタイプなイメージは、私たちがかなり悲観的というもので、それが少し Debbie Downer であるかのように受け取られがちだと思います。本当はドイツ人は起こりうる全てのよくない結果に対しても熱心に準備したがるというだけなんですけどね。要は、私たちは悲観的、けど実際は慎重だということなんです。これに対して、アメリカで気づいたのは、多くの人がとっても楽観的であるということです。アメリカ人が何事もいいように考えようとするのをいつもすごいと思っています。

サム (7)：典型的な悲観主義者であるハンナは、ときどき "Debbie Downer" のように感じることがある、と言ってるわね。この表現はアメリカのスラングで、物事のよくない面ばかり見ることで、他人を嫌な気分にさせる人のことね。

ニール (8)：一方アメリカ人は、物事を "sugarcoat" する、つまり、実際よりも良く見せようとする楽観主義者だと一般的に思われているわけだね。

サム (8)：ハンナは多くのアメリカ人は hyper-optimistic だと言っている。彼女は接頭辞の "hyper-" を使って、ある性質が強すぎることを表現しているのね。hyper-sensitive な人は敏感すぎるし、hyper-optimistic な人は楽観的すぎるということになるわ。

ニール (9)：生まれた国もそうだけど、年齢も楽観主義の議論では1つの要因になるよ。若いうちは目の前に果てしない人生が広がっているから、すべてがうまくいくと楽観的に考えやすいんだよね。

サム (9)：すべてがうまくいくという信念は「楽観主義バイアス」と呼ばれているわ。このバイアスは固定的なものではなく、年齢とともに変化していくものだと、神経科学者のタリ・シャロット教授がBBCワールドサービスの番組『CrowdScience』で説明しているの。

タリ・シャロット：子供や十代の若者ではかなり高く、「ああ、何もかもうまくいくだろう」と考えるんです。そしてそれがどんどんどんどん低くなっていって、中年で最底辺に到達します。この時期に楽観主義バイアスは他の年代に比べて小さくなります。その後、再び上がり始めて、高齢者の間ではかなり高くなります。私たちが抱いている頑固おやじ、頑固おばさんのイメージとは全く逆ですね。

ニール (10)：楽観主義バイアスは、子供のころ高い水準で始まるけど、中年になると、仕事のプレッシャー、家庭の責任、老親の介護などが原因で、最低水準に達するんだね。

サム (10)：だけど、楽観主義は年を取るにつれて再び強くなるようね。これは驚きだわ。私たちが持っている、不平不満が多く、不機嫌で、すぐにイライラする

「頑固おやじ」のイメージに反してるもの。一方で、楽観的な女性はより健康で長生きできるのね。

ニール (11)：君にとってはいいニュースだね、サム。でも僕は悲観主義を貫くよ。物事がうまくいかないことを予期していれば、失望することはないんだ。

サム (11)：ニール、それって実は結構ポジティブなものの見方なんだけど、あなたに同意する人が多くいるかしら。あるいはいるのかも。質問の答え次第ね。

ニール (12)：そうだね。僕がサムに聞いたのは、イギリス人の何パーセントが自分を楽観的だと思うか、だった。

サム (12)：で、私が楽観的に答えたのは c) 80 パーセント。

ニール (13)：というのは、正解！

サム (13)：そりゃそうよ。良いことを予想しようと悪いことを予想しようと、だいたいどっちも起こるわ。だったら、人生の晴れやかな部分に集中した方がいいじゃない、ニール。それで、失うものは何もないわよ。

ニール (14)：よし、今回出てきた単語を復習しよう、サム。君は確かに「コップに水が半分ある」タイプで、人生に対して楽観的な態度の人だね。

サム (14)：で、あなたはちょっとした "Debbie Downer" ね。物事の否定的な面を話して、みんなを落ち込ませる人を表現するアメリカのスラングよ。

ニール (15)：もし何かを "sugarcoat" するなら、実際よりもポジティブに見せているという意味だね。

サム (15)："hyper-" という接頭辞は形容詞の前につけ

て、その性質が強すぎることを表すわ。たとえば、hyper-critical は「批判的すぎる」という意味ね。

ニール (16)：何かが "rock bottom" にぶち当たると言ったら、それは可能な限り低いレベルに達するということだね。

サム (16)：そして最後に、"grumpy old man" というフレーズは、いつも文句ばかり言っていて、不寛容で、すぐにイライラしてしまう人を表すのに使えるものよ。ニールみたいにね。

ニール (17)：は、そいつはどうも。残念ながら 6 分間が終わってしまったけど、またすぐにこの番組でトレンドのトピックや語彙学習を楽しんでね。それではまた。

サム (17)：またね。

女優のインタビューを聞く——ワンダーウーマンを演じて

続いて、ハリウッド女優ガル・ガドット氏へのインタビュー動画からの抜粋です。2017 年の「ワンダーウーマン」のシリーズ第 1 作に関するもので、主人公のダイアナを演じるにあたってどのように準備したかというインタビュアーの問いにガドット氏が答えている箇所です。

ワンダーウーマンを演じて

Interviewer : What did you do to prepare for a role like this, both physically and research-wise?

Gadot : ₁Ooh la la. ₂So physically…uh, they, we did a lot of work. ₃You can't fake, you know, looking strong and you can't fake looking powerful. ₄You can't…you just can't. ₅So you have to be that. ₆And I had to train for five-six months prior to the shoots. ₇And I did…uh a lot of fight choreographies, with the swo…with everything, with the sword, with kicks, with jumping, with you name it, we did that. ₈A lot of gym works so I can gain …gain some body mass. ₉And horseback riding, which I always thought that it was like when people say "Yeah, we do sports. We…we ride on horses" I thought to myself "This is so silly cuz the horse does all the…all the work." ₁₀No. ₁₁Horseback riding is, uh, very very exhausting sports. ₁₂Uh…so that too. ₁₃And as far as… uh…getting ready for the for the character, um, you know, I've been…I've already established a character when I was shooting *Batman v Superman* with Zack Snider. ₁₄And on this movie I had the privilege to go all the way back to the beginning and and and establish the history of this character. ₁₅And with Patty Jenkins and Jeff Jones and the writers and myself, we always thought "OK, how are we going to tell her story in a way that men (are) going to be able to relate to her, and women's going to be able to relate to her." ₁₆And and we found that she should have qualities of human with strength of a goddess and, uh, and, you know, heart of human, strength of a goddess, and and very very wise brains. ₁₇Um…and we did.

"Wonder Woman Interview - Gal Gadot"
Flicks And The City Clips 00:50~02:52

英文タイプ：インタビュー（ダイアローグ）
発話時間：122 秒
発話速度：148 wpm

動画 QRコード

[語注]

- **research-wise**：「（役作りのための）リサーチの面で」、
  -wise は名詞について「…について、…的には」という
  意味で頻繁に用いられる接尾辞です。
- **Ooh la la**：フランス語由来の驚きを表現する語
- **fake**：「ふりをする、見せかける」
- **prior to…**：「…の前に」
- **choreography**：「振り付け」
- **you name it**：「その他何でも」
- **it was like…**：「…みたいに」
- **relate to…**：「…に共感する」

[表現・構文]

第 7 文

　ここはどういう戦闘シーンの振り付けをやったかを、
with を用いた前置詞句を列挙して説明していっている
形です。you name it は「なんでも好きなものを挙げて
下さい」というのが文字通りの意味ですが、具体例を列

162

挙した後に「その他何でも」を表す名詞句として用いられることがある点に注意しましょう。

第 8〜9 文

　準備として何を行ったかをリストアップしていく形が続いていて、名詞句のカタマリになっています。第 9 文の which 以降の関係代名詞節は文法的に説明のつかない破綻した構造になっています。which を「それに関しては」を意味する、horseback riding に説明を加えるサイン程度のものとして使っていると理解するのがよいでしょう。

第 13 文

　As far as…は本来「…する限り」という意味の接続詞ですが、ここでは、getting ready for the character という動名詞句を目的語に取る前置詞のように使用されています。これは母語話者の間でもよく見られる誤用で、「…については」というくらいの意味です。

第 15 文

　音声的には 3 つの going to の部分が縮まり、gonna になっている点がポイントです。want to → wanna と並んで略式の発音の典型例ですが、いざ文の中で聞くと戸惑う学習者も多いようです。また、文法的にも、men の後の be 動詞が言われていなかったり、women に 's がついていたりとやや不正確な部分が目立ちますね。

つねに全体像を意識する

　では、本題の文章構成法を生かした理解の方法に入って
いきましょう。インタビュアーは質問で both physically
and research-wise「身体面とリサーチ面の両方で」と2項
目について聞いています。

　これに対し、ガドット氏は回答の冒頭で physically「身
体的には」とはっきりと言っているので、まずは身体面で
の準備についての説明をして、その後にリサーチ面の説明
に移行するという形になるだろう、ということが予測でき
ます。そこで、身体面についての説明を聞きつつ、一方で
どこからリサーチ面の話に移行するのかに注意を向けてい
くことになります。

　この意識があれば、as far as getting ready for the
character「人物像について準備することに関しては」の
ところでトピックが「身体面」から「リサーチ面」に移行
したことを読み取るのはそこまで難しくないと思います。
前半の physically のように質問の言葉をそのまま繰り返す
ことはしていませんが、質問者の言う research が役作り
のためのリサーチであることは明白なので、getting ready
for the character「人物像のための準備」をそれの言い換
えと判断することができるからです。ここでトピックが切
り替わったことを把握すれば、この後に続く説明が、おも
にどういうキャラにするべきかについての協議や検討の話
になっているのも当然のこととして聞くことができるでし
ょう。

[質問と回答の構成]

Interviewer : What did you do to prepare for a role like
this, both │ physically │ and │ research-wise │ .

Gadot : ₁Ooh la la. ₂So │ physically │ …uh, they, we did a
lot of work.…

… ₁₃And as far as… uh… │ getting ready for the character │ ,
um, you know, I've been …

─────────────────────────────

[訳例] インタビュアー：この役を演じるためにどの
ような準備をされましたか。身体面とリサーチ面の両
面で？

ガドット：あら。身体面では、ええと、たくさんやり
ましたね。強そうに見せたり、パワーがあるように見
せたりというのはごまかしではできません。絶対に無
理です。だから、実際にそうなるしかないんです。撮
影の前に5〜6か月間トレーニングする必要がありま
した。戦闘シーンの振り付けもたくさんやったし、剣、
キック、ジャンプ、その他何でもやりました。体を大
きくするためのジム通い。それに乗馬も。乗馬につい
ては、「うん、スポーツをしてるよ。乗馬」って言う
人を、前は「バカバカしい。馬が全部やってくれるじ
ゃない」と考えていました。全く違いました。乗馬は、
本当に本当に疲れるスポーツです。で、それもやった

わけです。そして、キャラクター面の準備に関して言うと、ザック・スナイダーと「バットマン vs スーパーマン」を撮ったときに、すでにキャラクターは確立していました。この映画ではそのキャラクターの起源にまで遡って、人物の歴史を描く機会に恵まれたというわけです。パティ・ジェンキンス、ジェフ・ジョーンズ、脚本家たちと一緒に、常に「男性が共感でき、女性が共感できるような形で、彼女の物語を語るにはどうしたらいいか」を考えていました。そして、私たちは、女神のような強さと人間らしい性質を合わせ持つべきだと考えたのです。つまり、人間の心と女神の強さ、そして非常に賢い頭を持つ存在です。そして、その通りのキャラクターにしました。

5.3
まとめ

　本章では文章構成の典型的なパターンを知り、それを生かすことで、長文を読み解く際と同じようにリスニングにおいても、大きな流れを予測することが可能であるという点をニュース動画とインタビュー動画の 2 種類の実例を通じて確認してきました。

　とくに stack（階層）や balance（バランス）といった、内容の全体像を示してから、それぞれのポイントを個別に論じていくパターンは、発表原稿の作成の指導の際にも必

ず示されるものであり、スピーチ、レクチャー、プレゼンテーションなどの多くに見られる形式です。冒頭部分で示されている全体像を聞き逃さずにしっかりと把握すれば、細部に聞き取りが困難であったり、難解な語句や表現が使用されている箇所があっても、大きな論旨をつかみ損ねることはありません。

独習のコツ

このタイプの英語の文章構成法にまずは慣れたいという場合、これまでに私が出したリーディング関連の本で文章構成を扱った箇所が有益です。本章の冒頭でも触れた『英文読解を極める』（NHK 出版）ももちろんですが、中公新書の前著である『英語の読み方』の 3.2 でも、長めの英字新聞記事の抜粋を題材に文章構成法を読み解くスキルを解説しているので、流れを先読みするための練習になるはずです。

さらに、話し言葉でスムーズに流れを読み取るための練習をしたい、という人のために以下に stack や balance の構造にしたがって説明が進んでいくスピーチ、ニュースの動画を2点挙げています。こちらを先に視聴し、リアルタイムで以下の構造を読み取れていたかを確認してみましょう。

1．"Global English with David Crystal"

Macmillian Education ELT

2．"Are you following your dreams?　6 Minute English"

BBC Learning English

1.

0:43 ～命題と全体像の提示
言語（英語）の国際化の理由は話し手の様々な力

0:49 ～力①
政治的・軍事的な力

1:01 ～力②
科学技術の力

1:20 ～力③
経済力

1:36 ～力④
文化の力

1:45 ～命題の繰り返し
偶然、話し手の様々な力が重なり、国際化した

動画 QRコード

2.

0:39 ～ 1:06　命題と全体像の提示
子供時代の夢を追い続ける 2 人の人物の経験

1:53 ～人物①
ニュージーランドのリバーサイドに住むデイジー

3:20 ～人物②
アルゼンチンのハーマンと彼の家族であるザップ家

5:05 ～命題の繰り返し
デイジーとハーマンは夢を追いかけ、後悔のない人生
を送った人々

動画 QRコード

アドリブ力を高める
―あらゆる破格的な表現にも対応―

本章では破格的な表現や構造に焦点を当てます。第1
章でも確認した通り、リアルタイムでやりとりが行
われる話し言葉では、一方で伝えるべき内容を考えながら
同時に文を組み立てて話していかなければならないため、
口にしている言葉について再検討したり、途中まで言いか
けた構文でうまく伝えられないことに気づくといったこと
が起こりがちです。

　そのため、文の途中で言葉を言い換える、あるいは、そ
こまでの文の構造を中断して途中から異なる文法構造に切
り替えることがよくあります。結果として、書き言葉では
見られないような表現の繰り返しや冗長な語句、構文のブ
レンドが頻出することになります。第3〜5章の具体例の
中でも、こういった現象を見てきましたが、本章ではとく
にこの破格的な表現や構造に照準を合わせ、どうすれば話
し手の意図を誤解なく読み取ることができるかを考えます。

　文法通りに話してくれているのならばまだしも、ルール
を無視した表現や構文なんて、ただでさえスピーディな理
解が求められるリスニングでいざ出てきたらお手上げだと
思う方もいるかもしれません。たしかに、破格的な現象は
慣れないうちは面食らう可能性のある難物です。

しかし、実は第3〜5章で確認した文法知識や定型表現、文章構成法に基づく先読みの方法を徹底していけば、文法のルールを破っている箇所に気づくこと自体はさほど難しいことではありません。

後は、気づいた際に慌てず対応できるよう、具体例を用いた訓練を積んで破格の典型的なパターンを押さえておけばよいということになります。

以下では、破格的な現象のパターンを繰り返しや言い換えと構文のブレンドの大きく2種類に分けて、それぞれがどのような場面でどういう時に起こりやすいかを見ていきます。

6.1
繰り返しや言い換え

ここまでの章でも様々な表現が繰り返されたり言い換えられたりする実例を見てきました。こういったものが起こりやすい状況として以下のようなものが挙げられます。

1. 述語部分を考えて組み立てる時間を稼ぐための主語名詞句の繰り返し
2. 主語名詞句の後に一定の長さの挿入語句が入ったことで見えにくくなったSVの関係を明確にするための言い換え
3. 複雑な修飾語句などによって重くなった句や節を一度まとめるための言い換え

　このうち、とくに2〜3に関しては、元の語句の核とな
る部分と言い換えた箇所が離れて登場する可能性もあるた
め、その結びつきをしっかりと見極めないと内容理解に支
障をきたします。

　では、どうすればそういった現象に気づくことができる
でしょうか。3.3で扱った長い主語の文に対応する際のや
り方と同様の頭の働かせ方がここで生きてきます。名詞句
の核となる部分を確認した時点で、対応する述語動詞を意
識し、それが出てくるまで忍耐強く待つという姿勢です。

　長い主語名詞句の文を読んでいる感覚で述語動詞を待ち、
それが出てくるはずのところで突然代名詞や短い名詞句が
登場して、続けて動詞句に移行したとすれば、それは重く
なった主語名詞句や挿入語句で距離が離れてしまった主語
名詞句を言い換えたりしたものである可能性が高いという
ことが言えます。実際に具体例を使って練習してみましょ
う。

インタビュー英語に挑戦（1）——ベゾスの野望

　インターネットの大手通販サイトAmazonの創業者であ
り、世界の長者番付の常連でもあるジェフ・ベゾス氏に対
するインタビューの一部を書き起こしたものです。ベゾス
氏がAmazonが世界にもたらしたものは何かと問われて回
答した箇所です。

Interviewer : If you looked at what you brought and the legacy of innovation, how would you describe that?

Bezos : ₁Well, I think what, you know, the, Amazon's, what I would hope Amazon's legacy would be is earth's most customer-centric company. ₂What we have always wanted to do is raise the standard for what it means to be customer-centric, to such a degree that other organizations, whether they be other companies or whether they be hospitals or government agencies, whatever the organization is, they should look at Amazon as a role model and say "How can we be as customer-centric as Amazon?"

"UW Four Peaks - Jeff Bezos"
UW Video 06:01~06:39

英文タイプ：インタビュー（ダイアローグ）
発話時間：38 秒
発話速度：156 wpm

動画 QRコード

語注

- legacy :「遺産、後に残したもの、もたらしたもの」
- customer-centric :「顧客中心の」
- raise the standard :「基準を上げる」
- government agency :「政府機関」

• look on（at）O as C：「O を C とみなす」

　インタビュアーの質問文はとくに難しいところはないでしょう。ベゾス氏の回答の冒頭部分はまさに話し言葉といった感じですね。

　I think what まで言いかけたところで少しポーズとつなぎ言葉が入り、そこから方向性を変え、the…、さらに Amazon's…と言いかけますが、またそこで思い直して、最終的には what I would hope Amazon's legacy would be「私が Amazon の遺産がこうであってほしいと望むもの、私が Amazon の遺産がどういうものであってほしいかと言うと」という形に落ち着いています。前半はほとんどまともな形を成していないので、要するに what I would hope…以下が最終的に言いたいことだというのは比較的つかみやすいでしょう。

　続いて、ポイントとなっている第 2 文に進みましょう。この文はかなり長く、複数の節で構成されているため、破格的な構造を含んでいなかったとしても注意を要するところです。また、定型表現も多用されており、第 3 ～ 4 章で確認した内容のよい復習になります。少し入念に構造を確認したいと思います。

　出だしは What we have…という形で始まることから、what の作る名詞節を主語とし、その後に動詞が続くパターーンだろうと予想しつつ読み進めます。do まで行ったところで、is raise…という形が続くため、what 節を主語、is を動詞、raise…という原形不定詞句を補語とする SVC の文であると判断できるでしょう。これは厳密に言うと疑

似分裂文と呼ばれる形で、what 節には前提とされている内容が、be 動詞の後ろにはその前提の中で問題になっている部分（この場合、ベゾスたちがやりたかったこと）を指定する情報がきます。C に当たる原形不定詞句の内部で使用されている what it means to…「…する（…である）のはどういうことか」という定型表現は第2章でも確認したものですね。

　後ろにはさらに to such a degree that…「…のほどにまで」とかなり重いフレーズが続きます。やはり定型表現で、「顧客中心であるとはどういうことかの基準を上げること」と言った後、どれくらい「基準を上げる」のか、その度合の説明を続けています。とくにタイムラグなく理解する必要があるリスニングでは、to such a degree…の時点で、「どれくらいに？」という問いを頭に浮かべながら後ろの that 節を待つ姿勢が重要でしょう。

　最大のポイントとなるのがこの「どのくらいに？」の説明となっている that 節内の構造、とくに節内の主語と述語動詞の部分です。先頭に other organizations「他の組織」という比較的分かりやすい名詞句があるので、これを主語だと考えつつ、それに対応する述語動詞が出てくるはずだと先を予測します。

　後ろにコンマ (,) が入り、whether they be…という形（be は条件節や譲歩節で用いられる仮定法現在の形）が続きます。想定される組織のタイプは多様だというニュアンスを出しつつ、その具体例を挙げるための副詞節の挿入だと考えて、述語動詞を待ちましょう。そうすると、whether 節が2つ（「他の組織」の具体例）、さらにそれを

まとめる形で whatever 節が１つ登場し、そろそろ述語動
詞が出てくるはずだというところで they should look at…
という形にぶつかります。

　仮にこの they should look の部分が that 節内の主語と述
語になっているのであれば、これまで節内の主語だと想定
していた other organizations という名詞句が浮いてしまい
ます。そこで、上で見た繰り返しや言い換えの起こりやす
い状況の２を思い出し、この they は other organizations
を受けたものであり、主語である other organizations と述
語の should look…の間に相当長い挿入語句が入ったため
に、SV の関係が分からなくならないように改めて代名詞
で言い換えたものと判断することができるでしょう。

　もちろん、リスニングの場合、聞いている方もリアルタ
イムですから、they should…のところに到達した時点で、
節の冒頭の構造の意識が薄れていて、とくに意識せずそのま
ま SV だと受け入れる場合もあるかもしれません。しか
し、その場合でも、they が other organizations を受けてい
ることはすぐに分からなければならないので、やはり、
other organizations と they の結びつきを無視して考えるこ
とはできないわけです。

［that節内の構造］

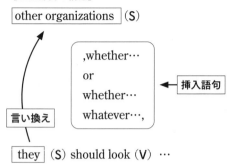

other organizations (S)

,whether…
or
whether…
whatever…,

挿入語句

言い換え

they (S) should look (V) …

訳例 インタビュアー：あなたがもたらしたもの、革新の遺産に目を向けるとすれば、それをどのように説明されますか。

ベゾス：そうですね、私が思うに、Amazonの、Amazonがもたらしたものをどう考えたいかというと、この地球上で最も顧客中心の企業だということです。私たちがずっとやりたいと思ってきたのは、顧客中心とはどういうことなのかのハードルを上げ、その結果、他の組織が、企業であれ病院であれ政府機関であれ、組織の種類を問わず、彼らがAmazonをロールモデルとみなし、どうやったらAmazonのように顧客中心になれるのかと考えなければならなくなるくらいの状況になることです。

178

インタビュー英語に挑戦（2）──多様な英語に慣れること

さて、上のベゾス氏のインタビューを通して名詞句の言い換えの典型的な例を確認しましたが、言い換えの対象となるものは必ずしも名詞句とは限りません。

文頭の副詞節などについても、内部の構造が複雑になったり、挿入語句が入って文の全体像が見えにくくなったりする場合には、そこまでの内容を一度まとめる意味で、副詞節ごと改めて言い換えるパターンもあります。これについても具体例を通じて確認してみましょう。

次の英文は3.4でも取り上げた言語学の大家デイヴィッド・クリスタル氏のレクチャー形式の動画の一部を文字に起こしたものです。クリスタル氏はここで、学習者はproduction（発信）の面では標準英語を1つ学習すればよいが、comprehension（受信）の面では様々な英語の変種に触れ、それらに慣れておくことが必要だということを強調しています。

　多様な英語に慣れること

₁So as far as listening comprehension is concerned, it's absolutely essential to my mind to expose the student to as wide a variety of non-standard variations as possible, non-standard compared with the standard version the student is being taught in production, I mean of course. ₂And this is both a matter of pronunciation and a matter of grammar. ₃Not so much a matter of vocabulary because vocabulary is open-ended

---

and always very difficult to control. ₄But certainly for pronunciation and grammar, the more the student realizes that most people in the world don't speak RP, don't speak General American but speak, what they speak! tinged…accents tinged with Chinese and Japanese and French and German and all the varieties, let alone Welsh and Scottish and Irish and Liverpool and Birmingham and Cockney and all of those, sooner they learn this, the better.

"David Crystal - Should English be taught as a 'global' language?"
Macmillan Education ELT 01:19~02:16

英文タイプ：レクチャー（モノローグ）
発話時間：55 秒
発話速度：154 wpm

動画 QRコード

[語注]

- **a wide variety of…**：「多様な…、様々な…」
- **non-standard variations**：「非標準的（英語の）変種」
- **open-ended**：「制限のない、変更可能な」
- **the student**：総称としての「英語を学ぶ生徒」
- **RP ＝ Received Pronunciation**：「容認発音」
- **General American**：「一般アメリカ英語」
- **tinged with…**：「…に染まった、…の混じった」
- **Welsh**：「ウェールズ訛り」
- **Liverpool**：「リヴァプール訛り」

- **Birmingham**：「バーミンガム訛り」
- **Cockney**：「コックニー（ロンドンの労働者階級で話される英語の変種の１つ）」

　第１文は熟語レベルのものから構文まで定型表現のオンパレードですね。as far as S is concerned「Sに関する限りは」から始まり、expose O1 to O2「O1をO2にさらす、触れさせる」、a wide variety of…「多種多様な…」、as… as possible「可能な限り…な」といったものが次から次へと出てきて、大学受験で学ぶような表現や語句がいかに重要かを痛感します。

　最後の non-standard compared with the standard version the student is being taught in production の部分は、直前の non-standard variations の non-standard をどういう意図で言ったものか補足している形。I mean「つまり、要するに」という表現が最後にあることから、その点を読み取れます。直訳すれば「生徒が発信の際に教わっている標準英語と比較しての非標準」となります。

　第２文はシンプルな SVC の C が both A and B「A と B の両方」の形になったもの。第３文は第２文にさらに別の C を付け足していると考えると分かりやすいですね。

　さて、それでは問題の第４文に進みましょう。接続詞 But の後、certainly for pronunciation and grammar「発音と文法にとっては確実に」という副詞要素が入り、続いて、the more the student realizes that…という形が出てきます。いわゆる、the 比較級〜 , the 比較級…「〜すればするほど、ますます…」の構文だと判断し、realizes の目的語となる

that 節が終わったところで、後ろの the 比較級の形が出て
くるはずだと予測しながら聞いていくことになります。

　しかし、この that 節内の構造がかなり厄介です。most
people in the world don't speak RP, don't speak General
American but speak のところまでは not A but B「A ではな
く B」の構造になっているとすぐに判断できますが、その
B に当たるところで、what they speak! と「彼らが話して
いるものと言ったら！」と、感嘆文的な語句が一度挿入さ
れます。

　その後に先に tinged と言いかけて一度止まり、改めて
accents tinged with…「…の混ざった訛り」という形で様々
な言語の影響を受けた訛りや地域の訛りが列挙されていき
ます。しばらく、and で単純に複数の言語を並列していく
形が続きますが、all the varieties まで進んだところで、let
alone…「…は言うまでもなく」という語句が用いられて
います。これがなぜシンプルに and などではなく let alone
となっているかと言えば、ここまでは英語を母語としない
外国語話者による訛りの話だったのに対し、この後はより
認知度の高い英語話者間の地域による訛りを挙げているか
らでしょう。

　そして、この訛りの列挙が終わったところで少しポーズ
が入り、ようやく後半の the 比較級が出てくるかと思いき
や、sooner they learn this, the better という形が続きます。
ここで、sooner they learn が後ろの the 比較級…に当たり、
the better はシンプルな副詞であると解釈して、「ますます
すぐに彼らはこのことをよりよく学ぶ」などと解釈しては
いけません。繰り返されている sooner という語や総称的

な単数名詞の the student を受ける they、realizes と learn の意味の類似性、直前の内容をまとめた this の存在などから、この sooner they learn this は、前半の the 比較級である the more the student realizes…of those をシンプルに言い換えた形で、最後の the better こそが後半の the 比較級に当たると判断できるかがポイントです。

つまり、realizes that…の that 節で多くの名詞句を列挙しすぎて、1つ目の the more と2つ目の the better が離れすぎてしまったために、その関係を明確にするべく、1つ目の長い the 比較級の部分が終わったところで、改めてそれをシンプルな形で言い換えたものということになります。sooner they learn this の前に the がないのも、すでに最初に言っていたことの言い直しであるという感覚が強いからでしょう。

[構造]

> the more the student realizes that most people in the world don't speak RP, don't speak General American but speak,…all of those,

言い換え

sooner they learn this , the better.

今回のケースのように名詞句に限らずとも、副詞節や副詞句が様々な要素を内部に含んで大きなカタマリになった際には、改めてそれがどういう要素だったかを明確にして、後ろに続く構造にスムーズにつなげるために、シンプルな

フレーズで言い換えたり、言い直したりすることが多いということを頭に入れておくとよいでしょう。

> 訳例 ですから、聴解に関しては、生徒をできるだけ多様な非標準の変種に触れさせるのが絶対的に必要だと私には思えます。非標準というのは、もちろん、生徒が発信の際に教わっている標準英語と比較としてということです。そして、これは発音と文法の両方に関して当てはまります。語彙についてはそこまでではありません。語彙は際限がなく、いつだってルールで縛るのが難しいからです。しかし、発音と文法については確実に、生徒が世界にいる人々のほとんどは容認発音や一般アメリカ英語は話さず、彼らが話すものと言ったら！中国語、日本語、フランス語、ドイツ語などの影響を受けた訛りなどあらゆる変種、そしてもちろんウェールズ訛りであったり、スコットランド訛り、アイルランド訛り、リヴァプール訛り、バーミンガム訛り、コックニーであったりするということ、生徒がこのことを理解するのは早ければ早いほどよいのです。

6.2
構文のブレンド

さて、続いて扱うのは構文のブレンドです。第1章でも確認した通り、構文のブレンドというのはある特定の文構

造で始まったものが、その形を文法に則って完結させることなく、途中から別の構造や構文に切り替わってしまうというケースです。

考えながら文を組み立てていく中で、想定よりも入れるべき要素が多くなり、そもそもどういう構造の文だったかの意識が希薄になったり、あるいは、その構造で引き続き語り続けるのが難しくなったりした場合に、構文のブレンドは生じます。以下が、具体的に想定される場面です。

1. 複雑な修飾語句などによって主語名詞句が長く重くなり、主語の中心となる名詞と述語動詞が著しく離れてしまい、主語に対応する述語を持ってくるという意識が薄れてしまった場合

2. 文頭の副詞節や前置詞句などに多くの要素を詰め込んだ結果、それらがそもそも副詞節や前置詞句であるという意識が薄れてしまった場合

3. not only A but also B や both A and B など、複数の語句が相関しあって成り立つ構文において、それぞれの語句の位置が離れた結果、どのタイプの構文を使っていたかの意識が薄れてしまった場合

このうち、とくに1〜2については6.1のテーマだった繰り返しや言い換えが起きやすい状況に似ているのではないか、と感じた方もいるかもしれません。実際、繰り返しや言い換えと構文のブレンドは生じやすい状況という点では似ている側面もあります。ただし、前者の繰り返しや言い換えでは、話し手は文を開始した際の構造や構文で最後

まで文を終わらせようという意志があります。それに対し、後者の構文のブレンドは文の冒頭の構造に対する意識が薄れてしまっているか、少なくともその形を貫いて文を完成させようとする意志はなくなっており、途中から異なる構造、構文へと切り替える手段を取っているわけです。

したがって、繰り返しや言い換えで見られる破格は文法のルール上なくてもよい冗長な語句が含まれているという次元にとどまりますが、構文のブレンドでは見たこともないようなキメラ的な構造が生まれることもよくあります。

こういう形を正確に理解しようとするなら、聞き手の側が文の冒頭の構造から後に続くであろう形を予測し、その予測と矛盾する説明不可能な語句が出てきたところで構文のブレンドの可能性を疑うという意識が必要になります。具体例を用いて、訓練してみましょう。

インタビュー英語に挑戦（3）──ドーキンスの宗教批判

進化生物学者であり、宗教の弊害を厳しく批判するリチャード・ドーキンス氏に対するCNNのインタビューの一部を書き起こしたものです。抜粋したのはドーキンス氏が2019年に出した *Outgrowing God* という著作についての箇所で、なぜ子供向けに宗教批判の本を書こうと思ったのかという問いに答えているところです。

| ドーキンスの宗教批判 |

Interviewer: ₁Let's talk about your newest book *Outgrowing God*. ₂That's the book that's directed at a younger audience. ₃Why did you think it was important to write it?

Dawkins: ₁One of the reasons why religion persists in society, I think the main reason why it persists, is childhood indoctrination. ₂It's very hard for children who have been taught something at a sensitive age, at a very young age, uh, whatever religion it might be, it's always different in different parts of the world of course, whichever part of the world it is, children brought up in that part of the world very very likely will get to spend their entire lives believing whatever they were told by their parents.

"Richard Dawkins would ask Trump to resign"
CNN　06:09~06:49

英文タイプ：インタビュー（ダイアローグ）
発話時間：40 秒
発話速度：175 wpm

動画 QRコード

語注

• audience：「視聴者、読者」
• persist：「（好ましくない状況などが）持続する、残存する」
• indoctrination：「洗脳」
• get to 不定詞：「…するようになる」

インタビュアーの発言にはほとんど難しいところはありません。第2文の that's directed at a younger audience は本の説明であることから、audience は「読者」を指していると解釈しましょう。younger というのはこれまでの著書のターゲットと比較して「より若年層の」という意味で使っていると考えられます。

　ドーキンス氏の発言の第1文はシンプルな SVC の形ですが、話し言葉らしい言い直しが登場しています。One of the reasons「理由の1つ」と言いかけて、それでは表現が弱いと考えたのでしょう。the main reason「主たる理由」と言い直していますね。最初の表現との違いを強調するために main の部分がとくに強く発音されている点にも注意したいところです。なお、「宗教が今も残っている主な理由は子供時代の洗脳である」というこの文の趣旨をしっかりと理解しておくと第2文の解釈の負担を減らせます。

　それでは、ポイントとなる第2文に目を向けましょう。It's very hard for…の時点でおそらくは形式主語構文で後ろに真の主語となる to 不定詞句がくるのではないかというところまでは予測できます。

　続いて、for children who have been taught something at a sensitive age「敏感な年齢で、あることがらを教えられた子供たちにとって」くらいまで読めば、第1文の内容も踏まえ、後ろに登場するであろう真主語の to 不定詞は「そのことがらを信じるのをやめること、そのことがらを信じないこと」のような内容になるのではないか、という点も想像がつくでしょう。

　実際、どういう言葉を続ければ最も自然な言い回しやや

りとりになるかを予測することに長けている ChatGPT に、上のインタビューの at a sensitive age までを入力し、文を完成させるのにどういう語句を続けるべきかと質問したところ、to question or challenge it as they grow older「年を取るにつれて、それを疑ったり、異議を唱えたりすること」という返答が返ってきたので、この予測は無理のないものであることが分かります。

　したがって、この後は先読みしたような to 不定詞句が出てくるのを待つことになりますが、at a very young age という言い換えの後、whatever religions it might be, it's always different in different parts of the world of course, whichever part of the world it is, と「宗教の種類や場所は関係ない」という趣旨の補足説明的な節や文が続いてなかなか問題の to 不定詞が出てきてくれません。

　whichever part of the world it is のところでようやく補足説明が終わったかと思うと、なんと children brought up in that part of the world (S) (very very likely) will get… (V) という全く別の新しい節が登場します。この時点で、話し手は最初の文法構造を貫いて真主語の to 不定詞句で文を終わらせることをせずに、ここから children…world を主語とする別の構造に移行したのではないかと考えることができるかどうかがポイントです。

　構文を移行したとしても、話し手が伝えたい内容そのものが変化したわけではありませんから、will get…に続く述語動詞の部分には「そのことがらを信じ続ける、そのことがらを信じることをやめない」といった趣旨の言葉がくると予想できます。まさにこの予想通り、get to spend their entire lives believing whatever they were told by their parents「なんであれ親から教わったことを信じて一生涯を過ごすようになる」という表現で文が完結するため、以上見てきたような解釈は大筋では正しかったのだと安心することができるでしょう。

要するにこの第2文は、it is very hard for 〜 to 不定詞「〜が…するのは非常に難しい」という形式主語構文の形を予定して始まったにもかかわらず、〜に当たる部分にいろいろと説明を加えているうちに、話し手の側でその意識が薄れたか、あるいは予定通りに文を完成させると分かりにくくなると感じたかしたために、〜の名詞句を言い直したものを主語とする全く新しい文に移行したと考えることができます。結果として、it is very hard for 〜 to 不定詞と S will get to spend…という2つの構造が途中で混じりあったような文が生まれたというわけです。

[構造]

It's very hard for | children who have been taught something at a sensitive age, at a very young age, uh, whatever religion it might be, it's always different in different parts of the world of course, whichever part of the world it is, |

ここで構文が移行

children brought up in that part of the world | very very likely will get…
前半の children 以下の部分だけを受け直して新しい文がスタート

なお、以下の訳例では分かりやすさを重視し、It's very hard for…の部分は最初からないものとして扱い、後半の形に合わせた訳になっています。

> **訳例** インタビュアー：最新作 *Outgrowing God* についてお話しましょう。本作はこれまでよりも若い層の読者を対象とした著作になっています。なぜそのような本を書くことが重要だとお考えになったのですか？
> ドーキンス：宗教が今も社会に生き残っている理由の1つは、というよりも私が思うに主な理由ですが、それは子供時代の洗脳にあります。敏感な時期、非常に幼い時期に何かしらのことを教え込まれた子供は、どの宗教であっても（地域が変われば宗教も変わりますから）、また、どの地域であっても、親から教わったことを何でも生涯を通じて信じるようになる可能性が非常に高いのです。

6.3
まとめ

　本章では、リアルタイムで言葉を発する中で、文法の原則的なルールを逸脱した構造が生まれるパターンを見てきました。具体的に、**繰り返しや言い換え**と**構文のブレンド**の2種類に分け、それぞれがどのような場面で起きやすいか、また、それぞれに対応するためにはどのような点に注

意することが必要かを確認してきました。

　両者は複数の離れた語句が相互に関係し合っているような場合に生じやすいという点では共通していますが、繰り返しや言い換えが前半で出てきた表現を改めて繰り返すことで冗長な語句が登場する形であるのに対し、構文のブレンドは前半の構造の一部をなかったことにして途中から別の構造に切り替わるという点で、それぞれ異なった対応が必要だということを指摘しました。

独習のコツ

　破格というのは教科書的な文法構造から逸脱したものであるので、リーディングの参考書を読んでもなかなか出会う機会が少ないと言えます。実際にリアルタイムで発せられた英語やそれを書き起こしたスクリプトなどに多く触れて、実践経験を積んでいくことが重要になるでしょう。

　TEDなどのように講演が視聴でき、スクリプトや和訳も無料で使用することができる動画サイトが有効です。ただし、いわゆる破格的な構造が起こっていることに独力で気づくには、それ以外の解釈がありえないと自信をもって判断できるだけの基本文法や語法の知識が必要です。まだそこが十分ではないと感じる場合は、まずは、基本の、原則に沿った英文の理解を徹底させたほうがよいでしょう。

　なお、拙著『英文解体新書』（研究社）には、ここで紹介しているような構造をメインで扱った章があるので、本章で見てきたインタビューやレクチャーの英語を用いた実践練習に解説付きで取り組むことができます。話し言葉のトレーニングに役立てて下されば嬉しいです。

本書では、リスニングとリーディングの関係性に着目し、リスニング力を高めるためのリーディングの学習法について詳しく解説してきました。

予測力を鍛え、精度を落とさずに素早く読む能力を磨くことによって、英語を聞き取る技術の向上も期待できるということを様々な実例を通じて納得していただけたのではないかと思います。

もちろん、本書で取り上げた素材はニュースやスピーチなど話者が比較的はっきりと話しているものが多く、音声的には扱いやすい部類に入ります。映画やドラマを字幕なしで理解し、母語話者どうしの何気ない会話にもついていくといったような、「英語がほぼ完全に聞き取れる」状態に到達するためには、省エネ発音に慣れるなど、さらに聞く訓練を積むことが必要となるでしょう。

とはいえ、読解力に比してリスニングに極端に苦手意識があり、手も足もでないと感じている人に、これまで学んできたものを土台としつつ、英語を聞き取る力を鍛えていくためのヒントを示すことはできたのではないかと思います。

最初は易しいものであったとしても、とにかく「分かる」と感じることのできる媒体が増えれば、英語を聞こう、英語の作品を視聴しようというモチベーションにつながって、実践訓練の場も自然と増えていくはずです。

文法や読解は得意だったけど、リスニングは全くダメだ、と感じていた方々が一筋の光明を見出し、新たな気持ちで英語の学習に取り組むようになってくれれば、本書の役割は果たされたことになるでしょう。

☆☆☆

　執筆に際しては多くの人からサポートしていただきました。企画の段階では前著同様に楊木文祥さんにお力添えいただき、本格的な執筆に入ってからは中公新書編集部の胡逸高さんに様々なアイデアやコメントを頂戴しました。
　また、本書の発音や音声に関する記述については、勤務校の同僚の岩本和良教授から、素材英文や例文については坂本ロビン学部長から的確で丁寧なアドバイスをいただきました。ここに御礼を申し上げます。

引用文献 / 引用ウェブサイト

第 1 章

1.3 相手との共同作業で生まれる表現
"MEG 2: THE TRENCH - OFFICIAL TRAILER"
Warner Bros. Pictures
https://www.youtube.com/watch?v=dG91B3hHyY4&
t=93s（2023.9.19 閲覧）

1.4 リアルタイムに制約される表現
"The psychology behind a pandemic - Acclaimed
psychologist Steven Pinker"
Channel 4 News
https://www.youtube.com/watch?v=68TTL3L62GE&
t=122s（2023.9.19 閲覧）

第 2 章

2.1 リスニングを苦手に感じる 2 つの要因
"MONSTER HUNTER - Official Trailer（HD）"
Sony Pictures Entertainment
https://www.youtube.com/watch?v=3od-kQMTZ9M&
t=18s（2023.9.19 閲覧）

"What Steve Jobs discovered in Japan"
NHK WORLD-JAPAN

https://www.youtube.com/watch?v=MFlrKCrfviM
（2023.9.19 閲覧）

2.2　スピードを意識する

Nintendo, *Wikipedia, the free encyclopedia*
https://en.wikipedia.org/wiki/Nintendo（2023.12.19　閲覧）

2.3　こうしてスピードを上げる

"What Steve Jobs discovered in Japan"
NHK WORLD-JAPAN
https://www.youtube.com/watch?v=MFlrKCrfviM&t=4s
（2023.9.19 閲覧）

"Sense 8 Official Trailer [HD]"
Netflix
https://www.youtube.com/watch?v=iKpKAlbJ7BQ
（2023.9.19 閲覧）

"Rishi Sunak's first address as UK prime minister"
BBC News
https://www.youtube.com/watch?v=C42NkLdSjyY&t
=105s（2023.9.19 閲覧）

コラム　世界の多様な英語

"Tony Abbott addresses media for the last time as prime minister"

ABC News (Australia)
https://www.youtube.com/watch?v=fIR0uiMyx7Y
(2024.1.19 閲覧)

"Kamala Harris Bursts into Laughter after PM Modi's this Comment at U.S. Congress"
Hindustan Times
https://www.youtube.com/watch?v=wdmLlw1M2qA
(2024.1.19 閲覧)

"Thomas Piketty on Capitalism, Corbyn and why Zuckerberg is getting it wrong"
BBC Newsnight
https://www.youtube.com/watch?v=X6frECZhxJA&t=19s
(2024.1.19 閲覧)

第 3 章

3.1 動詞による構造の予測

"Japan declares coronavirus state of emergency for 3rd time"
Nippon TV News 24 Japan
https://www.youtube.com/watch?v=THjrXJjK9zw
(2023.9.19 閲覧)

"King Charles III makes first address to the UK as sovereign"

BBC News

https://www.youtube.com/watch?v=VKU2Uz3O--0

（2023.9.19 閲覧）

3.2　名詞による構造の予測

"Tokyo Olympics Bans Spectators Amid Rising COVID Cases"

CNN

https://twitter.com/selinawangtv/status/141329078412
8786436（2023.9.19 閲覧）

3.3　長い主語に惑わされない

"Wonder Woman 3 Dies On The Table As DC Undergoes Changes"

Looper

https://www.youtube.com/watch?v=Tu0PZS_8jbM&
t=177s（2023.9.19 閲覧）

"Former Japanese Prime Minister Shinzo Abe Assassinated"

CNN

https://twitter.com/jchatterleyCNN/status/15454112340
01850368（2023.9.19 閲覧）

3.4　従属副詞節は SV を待て

"David Crystal - Should English be taught as a 'global' language?"

Macmillan Education ELT

https://www.youtube.com/watch?v=tLYk4vKBdUo&
t=20s（2023.9.19 閲覧）

3.5　使える受験テクニック

"Poll shows Americans' values shifting"

CNN

https://edition.cnn.com/videos/us/2023/04/01/smr-
poll-shows-american-value-shift.cnn（2024.1.19 閲覧）

第 4 章

4.1　複雑に見える構文も実は定型表現

"Lady Gaga delivers a powerful speech at Joe Biden's
Final Rally"

LadyGagaNow

https://www.youtube.com/watch?v=yG8w9vpeI-c&t=92s
（2023.9.19 閲覧）

"Sir, I'll do whatever it takes."

Godzilla（2014）

https://getyarn.io/yarn-clip/810139ce-01c0-4214-8844-
87c36f3eeee2（2023.9.19 閲覧）

"Do whatever it takes to keep him alive."

The Hunger Games Catching Fire（2013）

https://getyarn.io/yarn-clip/0df6780a-ed93-4928-beb1-

d63453a43c40（2023.9.19 閲覧）

"The psychology behind a pandemic - Acclaimed
psychologist Steven Pinker"
Channel 4 News
https://www.youtube.com/watch?v=68TTL3L62GE&
t=60s（2023.9.19 閲覧）

"What is it about being a man that makes everything so
hard?"
Bad News Bears（2005）
https://getyarn.io/yarn-clip/45c098dd-cc09-47ec-9c35-
d9d41dc86bd9（2023.9.19 閲覧）

"So what is it about me that you find so interesting?"
Madagascar: Escape 2 Africa（2008）
https://getyarn.io/yarn-clip/faf0da5b-3784-46d8-a4f6-
58a161d189c8（2023.9.19 閲覧）

4.2　定型表現の知識で音の難所をクリア

"Watch teen fight off bear to save her dog"
CNN
https://www.youtube.com/watch?v=_kohjKZJIh0&t=110s
（2023.9.19 閲覧）

"Communicating Science and Technology in the 21st
Century"

MIT Department of Nuclear Science and Engineering
https://www.youtube.com/watch?v=VL-YNAb_uXo&
t=3434s（2023.9.19 閲覧）

"What this old girl lack in horsepower…"
Fast X（2023）
https://getyarn.io/yarn-clip/4682f974-ddb2-4af1-9823-
5a141983e092　（2023.9.19 閲覧）

第 5 章

5.2　文章構成法による先読み

"Optimists vs pessimists - 6 Minute English"
BBC Learning English
https://www.youtube.com/watch?v=mv3Fx8-O9co
（2023.9.19 閲覧）

"Wonder Woman Interview - Gal Gadot"
Flicks And The City Clips
https://www.youtube.com/watch?v=6Vd7d4lyap0&t=50s
（2023.9.19 閲覧）

5.3　まとめ

"Global English with David Crystal"　Macmillan
Education ELT
https://www.youtube.com/watch?v=WZI1EjxxXKw&t
=19s（2024.1.20 閲覧）

"Are you following your dreams?" - 6 Minute English"
BBC Learning English
https://www.youtube.com/watch?v=26PrgjTboVQ
（2024.1.20 閲覧）

第 6 章

6.1 繰り返しや言い換え

"UW Four Peaks - Jeff Bezos"
UW Video
https://www.youtube.com/watch?v=JEFtIxkuBR8&
t=361s （2023.9.19 閲覧）

"David Crystal - Should English be taught as a 'global'
language?"
Macmillan Education ELT
https://www.youtube.com/watch?v=tLYk4vKBdUo&
t=78s （2023.9.19 閲覧）

6.2 構文のブレンド

"Richard Dawkins would ask Trump to resign"
CNN
https://www.youtube.com/watch?v=J9-JrPDNvcg&t=368s
（2023.9.19 閲覧）

主要参考文献

Aarts, Bas, Jill Bowie and Gergana Popova (eds). 2020. *The Oxford Handbook of English Grammar*. Oxford University Press.

Biber, Douglas, Stig Johansson, Geoffrey N. Leech, Susan Conrad and Edward Finegan. 2021. *Grammar of Spoken and Written English*. John Benjamins.

Crystal, David. 2017. *Making Sense*. Oxford University Press.〔伊藤盡・藤井香子訳『英文法には意味がある』（大修館書店、2020）〕

Crystal, David. 2021. *David Crystal's 50 Questions About English Usage*. Cambridge University press.

Huddleston, Rodney, and Geoffrey K. Pullum (eds). 2002. *The Cambridge Grammar of the English Language*. Cambridge University Press.

Kachru, Yamuna and Larry E. Smith. 2008. *Cultures, Contexts, and World Englishes*. Routledge.〔井上逸兵他訳『世界の英語と社会言語学』（慶應義塾大学出版会、2013）〕

Quirk, Randolph, Sydney Greenbaum, Geoffrey Leech, and Jan Svartvik. 1985. *A Comprehensive Grammar of the English Language*. Longman.

榎木薗鉄也. 2023.『インド英語のリスニング（新装版）』研究社.

北村一真. 2019.『英文解体新書――構造と論理を読み解く英文解釈』研究社.

北村一真. 2021.『英語の読み方――ニュース、SNSから小説まで』中央公論新社.

北村一真. 2023.『英文読解を極める――「上級者の思考」を手に入れる5つのステップ』NHK出版.

清水あつ子他. 2023.『大人の英語発音講座（新装復刊）』研究社.

中田達也. 2022.『英語は決まり文句が8割―今日から役立つ「定型表現」学習法』講談社.

中田達也. 2023.『最新の第二言語習得研究に基づく究極の英語学習法』KADOKAWA.

巻末付録

カタマリで覚えて 理解力を上げる 定型表現 20

　一段上に進むために、第4章で重要性を強調した定型表現 20 選を巻末付録にしました。本書の学習の旅を終えた後のいわば手土産として、その都度参照して下されば幸いです。

　とくにニュース、スピーチ、映画のセリフなどでよく耳にするもの 20 種類を 1. 動詞句レベル、2. 従属節レベル、3. 主節・文レベルの 3 つのレベルに分けて、例文とともに紹介します。

　前著の巻末付録「厳選例文 60」に形式は似ていますが、ここで取り上げるものの大半は大学受験までの知識でカバーされていないような文法やイディオム、熟語の類ではありません。

　ただし、中級の読者の場合、それぞれの語句を分析的に考えて理解することはできても、カタマリで捉え、瞬時に意味を把握するのが難しいと感じるものもあるかもしれません。これらの表現とそれに対応する意味をまるごと頭に叩き込んで、ぜひ、リスニングや速読の場面で応用できるようにしましょう。

　なお、一部、本文の中で紹介した表現も含まれているので、復習という意味で一石二鳥です。

「動詞＋目的語＋修飾語句」などの形が1つのカタマリを形成している例です。

1. can't / couldn't bear to…

My mother couldn't bear to part with her cherished collection of vintage vinyl records, each holding a special memory.

訳例 母はそれぞれに特別な思い出がつまった大切なビンテージもののレコードを手放すなんて耐えられない。

解説

can't / couldn't bear to 不定詞で「…するなんて耐えられない、絶対に嫌だ」を意味する定型表現。動詞 bear を「耐える」の意味で使用する場合によく用いられる形です。

2. do whatever it takes to…

We will do whatever it takes to achieve our goals.

訳例 目的を達成するためならどんなことでもしよう。

解説

do whatever it takes to 不定詞で「(…するためなら) どんなことでもする」を意味します。第4章でも解説した通り、文法構造を分析して意味を読み取ることもできますが、瞬

時に理解するためにはカタマリで覚えておいた方が賢明です。

---

3. do anything S can to / do everything possible to …

In times of crisis, people often come together to do anything they can to help those in need.

訳例 危機の時には、人々は協力してできることは何でもやり、困っている人を助けようとするものだ。

解説

意味的には 2 の例に近く、do anything S can to 不定詞 / do everything possible to 不定詞 で「…するためにできることは何でもする、できることは何でもやって…しようとする」となります。場面を問わず、頻出する定型表現の 1 つです。

---

4. have nothing to do with…have everything / all to do with ～

His decision to study abroad <u>has nothing to do with</u> a desire to escape his problems; it <u>has everything to do with</u> expanding his horizons and gaining new experiences.

訳例 留学をしようという彼の決意は問題から逃げたい

という願望とは何の関係もない。単に視野を広げ、新しい経験をするためだ。

解説

S have nothing to do with… 「S は…とは何の関係もない」は有名な熟語ですが、これは「…」にSの原因が全くないことを指摘するためによく用いられる表現です。次にそれでは本当の原因は何なのかという方向に話が進む流れで、合いの手で have everything / all to do with…が用いられることがよくあります。

---

5. lay the foundation for…

Performers began entertaining the crowds, <u>laying the foundation for</u> amusement parks.

訳例 芸人たちが人々に娯楽を提供し始め、それが遊園地の土台を作った。

解説

lay the foundation for… 「…の土台を作る」は、より熟語的性質の強い定型表現ですが、例のように文末に分詞構文の形で配置されることがあるのもチェックしておきたいところです。類例に、pave the way for… 「…の地固めをする」があります。

---

6. not let anything happen to…

The security team was determined to <u>not let</u>

208

anything happen to the president during his public appearance.

訳例 セキュリティーチームは、大統領が公の場に姿を現す間、しっかりと守り通すと決意を固めていた。

解説

not let anything happen to…を文字通りに解釈すると「…に何事も起こさせない」となりますが、上の例のように「…を守り通す」に近いニュアンスで用いられることもあります。

---

7. stand idly by as / while…
She couldn't bear to stand idly by as her friend struggled with a difficult situation.

訳例

彼女は、友人が困難な状況に苦しんでいる中、ただ手をこまねいているのは耐えられなかった。

解説

stand idly は「何もせずにボーッと突っ立っている」といったニュアンス。as / while の後ろの節にはネガティブな内容がきて、stand idly by as / while…全体で「…なのに何もせずに突っ立っている」という感じになります。場面によっては「指をくわえて見ている」とも訳せる表現です。

8. watch in disbelief as…

The audience could only <u>watch in disbelief as</u> the magician made the elephant disappear on stage.

訳例 マジシャンが舞台上で象を消すのを観客はただ呆然と見ているだけだった。

解説

watch in disbelief as…で「…を信じられないといった様子で見る」となります。文法的に解説すると、as…は「…と同時に」を表す副詞節で、watch は自動詞ですが、このパターンでは as 以下の内容が実質は watch の目的語に近いものになっています。in disbelief の箇所は状況によって、in anger や in admiration のように他の感情を表すものになることもあります。

2 従属節レベル

特定の形を取る名詞節や、従属節を内部に含む名詞句や副詞句の組み合わせです。

9. the extent / degree to which…

The difference between these two people was <u>the extent to which</u> they paid attention to relationships.

訳例 2人の人物の違いは、どの程度人間関係に注意を

払ったかだった。

解説

これは the extent / degree to which…で「どの程度…か」という意味でまるごと覚えた方が有益な言い回しです。「抽象名詞＋前置詞＋関係代名詞」にはこのように全体で1つの疑問詞のような働きをするものが多く、the speed at which…「いかに速く…するか」、the ease with which…「いかに手軽に…するか」、the process by which…「どのような過程で…するか」なども合わせて丸覚えしておくと有益です。

10. how far S is willing / prepared to go
The success of an athlete is often determined by <u>how far they are willing to go</u> in pushing their physical and mental limits during training and competitions.

訳例　スポーツ選手が成功できるかどうかは、トレーニングや競技において心身の限界にどこまで挑戦する覚悟があるかによって決まることが多い。

解説

how far S is willing / prepared to go は文字通りに解釈すると、「どの程度まで行く準備があるか」といった意味になりますが、ニュアンスとしては「どこまでやる覚悟があるか」という感じでよく用いられます。be willing / prepared to の箇所を have to に変えると、「どこまでやら

ねばならないか」となります。

---

11. to such a degree that…

These issues have damaged the bilateral relations <u>to such a degree that</u> the two countries have had little communication in recent years.

訳例 これらの問題が二国間関係を悪化させ、結果、二国は近年ほとんどやりとりがない状態にまで至ってしまった。

解説

文法的に解説すると、such…that ～の構文の一種で「あまりの程度に…したので～」という意味ですが、to such a degree that…でまとめて「結果…するほどにまで」というニュアンスで捉えておいたほうがスムーズな理解につながるでしょう。

---

12. what it is like to…

Can you imagine <u>what it's like to</u> be betrayed by a close friend?

訳例 親しい友達から裏切られるというのがどんな感じか想像できますか？

解説

What is S like ?「S はどんな感じ」と it…to 不定詞の形式

212

主語構文を組み合わせた疑問文が基になっています。
what it is like to 不定詞全体で「…するというのはどんな
感じか」を意味すると理解しておくと役立ちます。類例に、
what it means to 不定詞「…するというのはどういうこと
か」というのもあります。

────── 3 主節・文レベル ──────

　文の核となる形そのものが定型パターンとなっている例
です。それ自体が 1 つの文として用いられる大きなカタマ
リです。

---

13. This comes as…

This comes as they find themselves at a crossroads,
unsure of which path to take for their future.

訳例　彼らが将来に向けどちらの道を選択すべきか分か
　　　らない岐路に立たされた状態のまま、このような
　　　状況になっている。

解説

ニュースや時事英語で頻出する表現で、問題となる事象を
報じた後に、背景となる状況を as 節で追加する形です。
as 節で表現される背景はしばしばネガティブなもので、
This comes as…全体は「…なのにこのような状況になっ
ている」といったニュアンスになることが多いと言えます。

14. Add to this…and ～

The weight of student loans can be daunting. <u>Add to this</u> the rising cost of living, <u>and</u> it's no wonder young adults are struggling financially.

訳例 学生ローンの重圧は大変なものだ。これに生活費の高騰を加えれば、若年層が経済的に困窮するのも当然である。

解説

Add to this…and ～「これに…を加えれば、～になる」は（多くの場合問題を引き起こす）要因を述べた後に、さらに別の要因を加え、それが結びつく結果（問題）を述べる時に使用される定型表現です。

15. Efforts are underway to…

Following the natural disaster, relief <u>efforts are underway to</u> provide food, shelter, and medical assistance to affected residents.

訳例 その自然災害の後、被害にあった住民たちに食料、避難所、医療支援を提供しようという救助活動の取り組みが行われている。

解説

現在進行中の取り組みや活動を描写する際によく用いられる定型表現です。文法的には主語である Efforts「取り組み」の内容を後半の to 不定詞が説明している形ですが、

まるごと「…する取り組みが行われている」という意味で
覚えておきましょう。

---

16. The reason why…is because 〜
The reason why she excels in her studies is
because she dedicates long hours to research and
preparation.

訳例 彼女が研究で優れた成果を出しているのは、調査
と準備に長い時間を捧げているからだ。

解説

これは有名な定型表現なので、すでに多くの読者の方がよ
くあるパターンとして認識していると思います。話題とな
っている事柄について改めて理由を明確に述べる形ですね。
The reason why…から文が始まれば、かなりの確率で is
because 〜や is that 〜といった形につながると考えておけ
ば、リスニングの際の予測にも効果てきめんです。

---

17. There is something about…that 〜
There is something about a quiet forest that
soothes the soul.

訳例 静かな森にはどこか気持ちを落ち着かせてくれる
ところがある。

There is something about…that ~ は「…にはどこか~する
ところがある」という意味で、特定の人や物、あるいは事
柄について、はっきりとどうしてかは説明できないが、あ
る種の効果があるということを述べる際に用いられる定型
表現です。英語では something「何か」という言葉を用い
ますが、日本語にすると、「どこか」と表現した方がしっ
くりくる場合もあります。

---

18. **What is it about…that ~ ?**

<u>What is it about</u> that car <u>that</u> makes it so appealing
to middle-aged men?

[訳例] 一体、その車の何が中年男性にとってそれほど魅
力的なんだろうか。

解説

疑問文の what に焦点を当てた分裂文です。意味としては
17 の例で「何か、どこか」と漠然に表現していた部分を
問いただすような形で、「…の一体何が / どこが~するの
か」といった訳になります。瞬時に理解しようとすると文
法的に分析している暇はないので、What is it about…that
~ ? の形で頭に入れておきましょう。

---

19. **What S lacks in…it makes up for ~**

<u>What</u> the movie <u>lacks in</u> action sequences, <u>it</u> more

than <u>makes up for</u> with its rich character development.

訳例 その映画はアクションシーンを欠いているが、その分を人物造形が十二分に補っている。

解説

ある物事について短所を長所が補っていることを述べる際に使用される定型表現です。What S lacks in…で文が始まったら、高確率でこのパターンです。make up for のところは、compensate for が代わりに使用されることもあるので注意しましょう。

---

20. This despite…

The restaurant became increasingly prosperous, and <u>this despite</u> the impact of COVID-19.

訳例 このレストランはますます繁盛した。しかも、これは、コロナ禍の影響があったにもかかわらずだ。

解説

ある出来事を述べた後に、その出来事を阻害する要因があったにもかかわらず、それをものともしなかった、というニュアンスでよく用いられます。This が直前の文全体の内容をそのまま受けるので、この定型表現では述語動詞がありません。This despite…「これは…にもかかわらずだ」というカタマリで頭に入れてしまうのがよいでしょう。

北村一真（きたむら・かずま）

1982年生まれ．2010年慶應義塾大学大学院後期博士課程
単位取得満期退学．学部生，大学院生時代に関西の大学
受験塾，隆盛ゼミナールで難関大学受験対策の英語講座
を担当．滋賀大学，順天堂大学の非常勤講師を経て，
09年杏林大学外国語学部助教，15年より同大学准教授．
著書『英文解体新書』
　　『英文解体新書２』（ともに研究社）
　　『英語の読み方』（中公新書）
　　『英文読解を極める』（NHK出版新書）
　　『上級英文解釈クイズ60』（左右社）
共著『上級英単語 LOGOPHILIA』（アスク）など

英語の読み方 リスニング篇　｜　2024年3月25日初版
中公新書 2797　｜　2024年4月5日再版

著　者　北村一真
発行者　安部順一

本文印刷　三晃印刷
カバー印刷　大熊整美堂
製　本　小泉製本

発行所 中央公論新社
〒100-8152
東京都千代田区大手町 1-7-1
電話　販売 03-5299-1730
　　　編集 03-5299-1830
URL https://www.chuko.co.jp/

定価はカバーに表示してあります．
落丁本・乱丁本はお手数ですが小社
販売部宛にお送りください．送料小
社負担にてお取り替えいたします．

本書の無断複製（コピー）は著作権法
上での例外を除き禁じられています．
また，代行業者等に依頼してスキャ
ンやデジタル化することは，たとえ
個人や家庭内の利用を目的とする場
合でも著作権法違反です．